사소한 거미책

거미를 통해 본 지구 생명의 신비한 역사

사소한 거미책

김은정 글·그림

한권의책

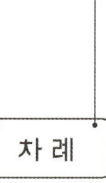

차례

진짜 거미? 가짜 거미? _08

모두 거미강에 속하는 동물이에요 _10

거미강, 거미목, 이게 무슨 말이냐고요? _12

거미는 곤충이 아니라고요? _14

거미의 눈, 곤충의 눈 _16

몸이 나뉘어 있는 절지동물 _18

길고도 긴 인연 _20

모든 거미가 거미그물을 치는 것은 아니에요 _36

거미줄로 사냥만 하는 건 아니에요 _42

거미그물 치기 _46

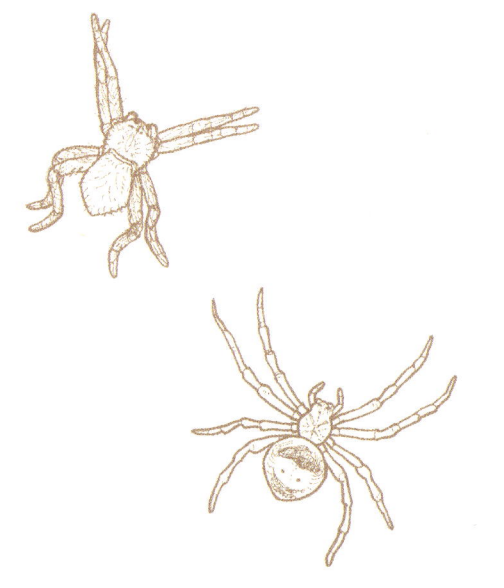

거미는 어떻게 실을 만들어 낼까요? _48

거미는 왜 거미줄에 달라붙지 않나요? _50

거미의 수명 _54

거미의 암수 구별은 어떻게 하나요? _56

호랑거미와 무당거미를 구별해 볼까요? _58

거미의 알 _60

거미의 크기 _62

거미의 독 _64

거미의 천적 _66

세상 특이한 거미들 _68

여러분은 거미를 어떻게 생각하나요? 거미를 좋아하는 친구가 많을 것 같지는 않네요. 징그럽고 무섭다고 생각하거나, 아니면 거미에 대해 생각해 본 적이 없다고 하는 친구가 대부분일 거예요.

거미를 예쁘고 귀엽다고 하기는 어렵겠지만, 그렇다고 거미가 위험하거나 해로운 동물은 아니에요. 거미는 어떤 동물과도 비슷한 면이 없는 아주 특이한 동물이에요. 이제 재미있고 신기한 거미 이야기를 시작해 볼게요.

진짜 거미? 가짜 거미?

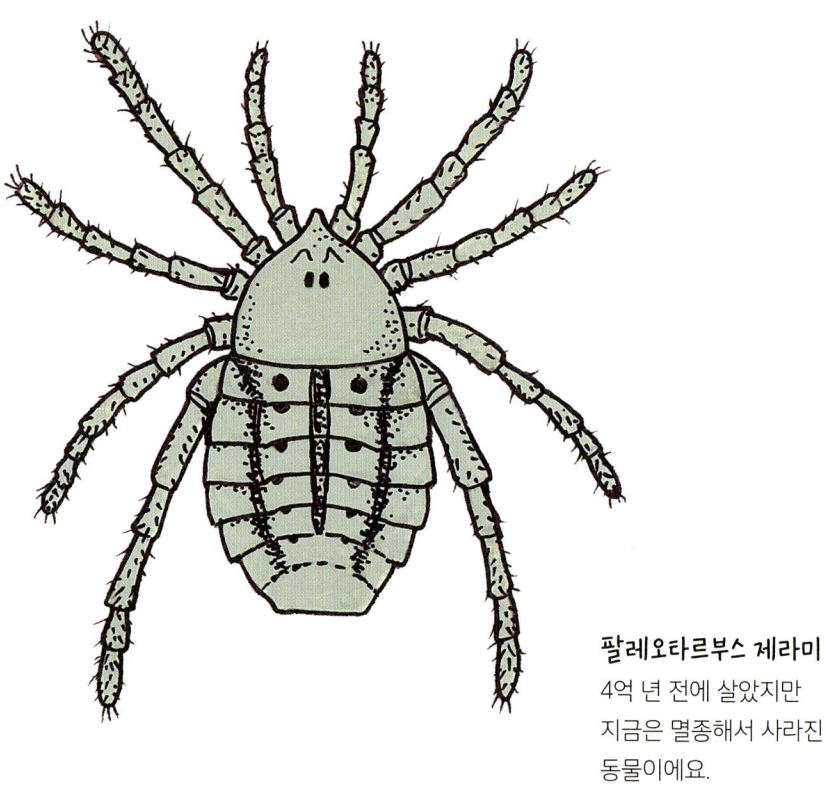

팔레오타르부스 제라미
4억 년 전에 살았지만 지금은 멸종해서 사라진 동물이에요.

이 동물은 4억 년 전에 지구에 살았어요. 거미처럼 보이지 않나요? 녀석은 숨 쉬는 방법이나 생김새가 지금의 거미와 비슷하지만 '진짜 거미'는 아니에요. 진짜 거미가 아니라면 '가짜 거미'라는 걸까요? 그렇다면 진짜 거미는 뭘까요?

　분류상 흔히 거미라고 하면 거미줄과 거미줄을 자아내는 실젖이 있는 동물을 말해요. 팔레오타르부스 제라미는 거미줄과 실젖이 없어요. 그래서 진짜 거미가 아닌 거예요.

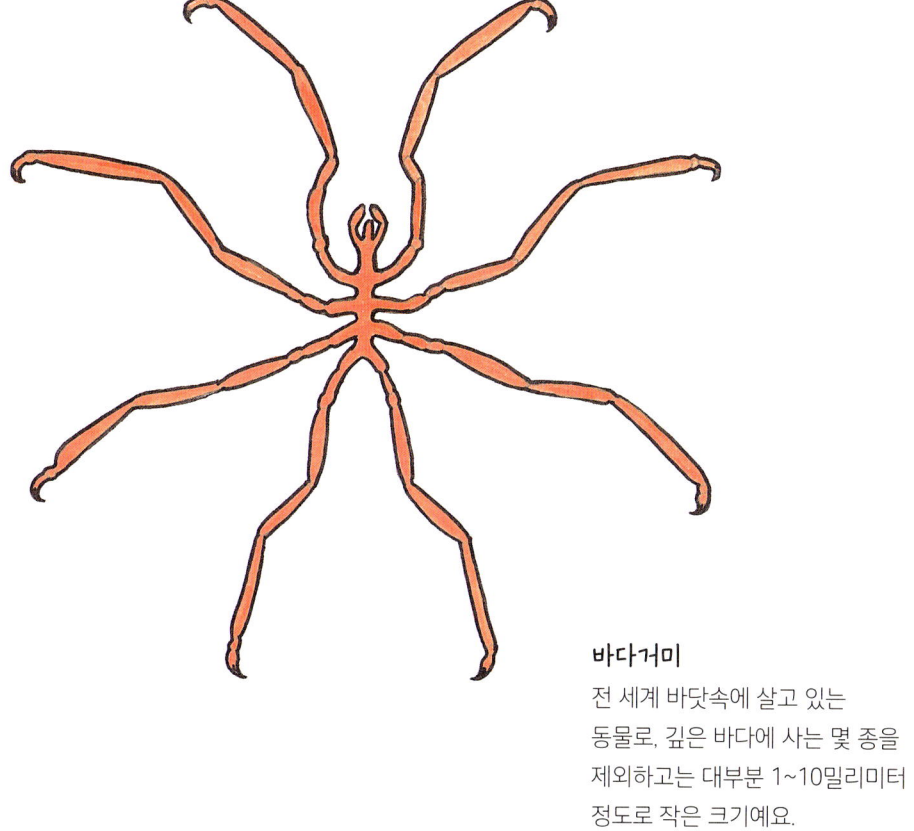

바다거미
전 세계 바닷속에 살고 있는 동물로, 깊은 바다에 사는 몇 종을 제외하고는 대부분 1~10밀리미터 정도로 작은 크기예요.

바다거미는 생긴 것도 거미와 비슷하고 이름에도 '거미'가 들어 있으니 '진짜 거미'가 맞겠죠? 하지만 이름만 거미일 뿐 바다거미는 거미줄을 만들지도 않고, 거미와는 별 관계가 없는 동물로 거미가 아니에요.

그러니까 아무리 이름이나 모양이 비슷해도 거미줄과 실젖이 없으면 거미가 아닌 거예요.

모두 거미강에 속하는 동물이에요

수많은 거미강 동물 중에서 거미목에 속하는 동물이 우리가 얘기하는 거미예요. 거미줄과 실젖이 있는 동물을 거미목으로 분류해요.

앞에서 보았던 팔레오타르부스 제라미(트리고노타르비다목)는 지금은 멸종했지만 거미강에 속하는 동물이기 때문에 넓은 의미에서 거미류라고 볼 수 있어요. 하지만 바다거미는 바다거미강으로 따로 분류되는 다른 종류의 동물이에요.

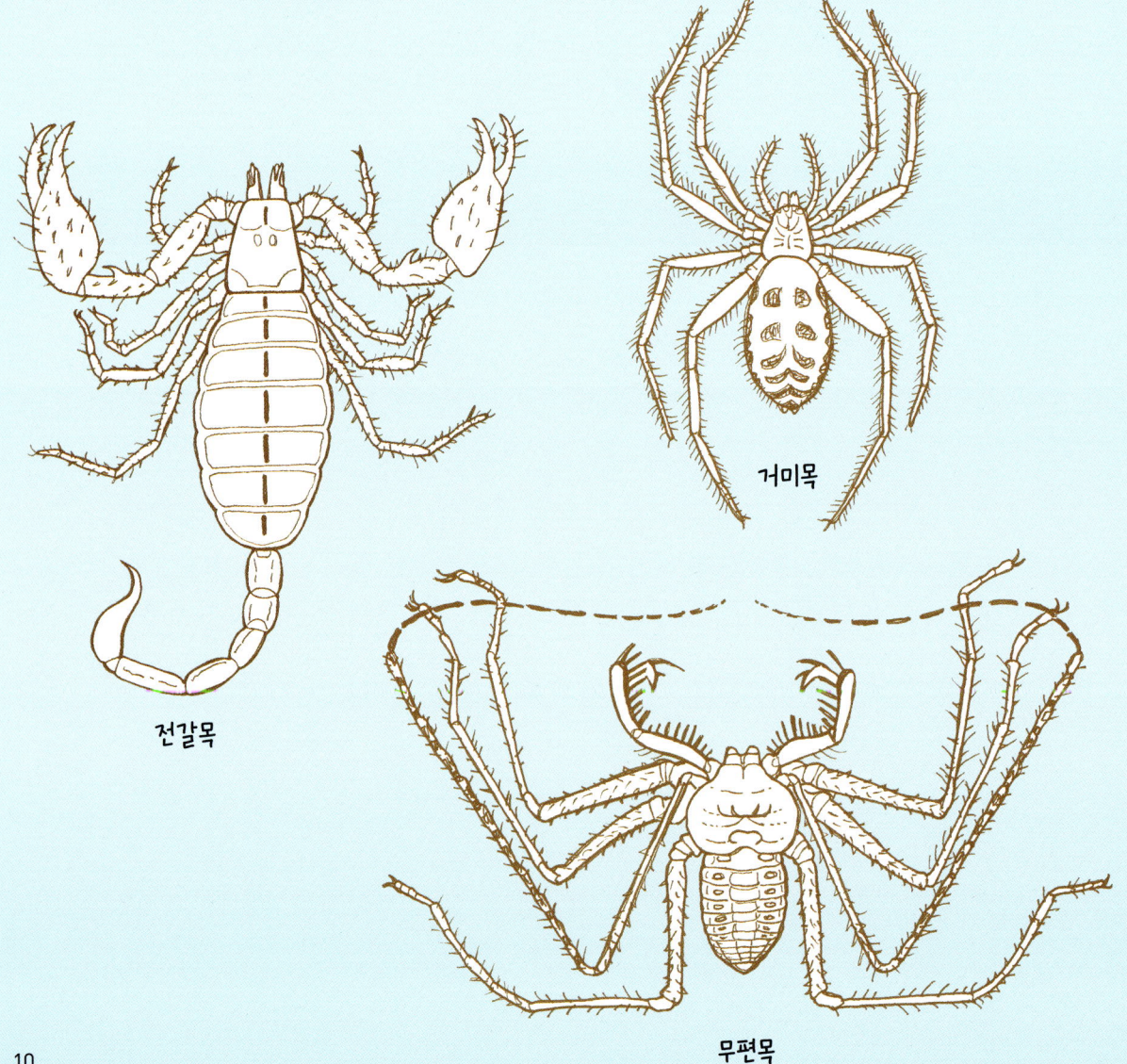

전갈목

거미목

무편목

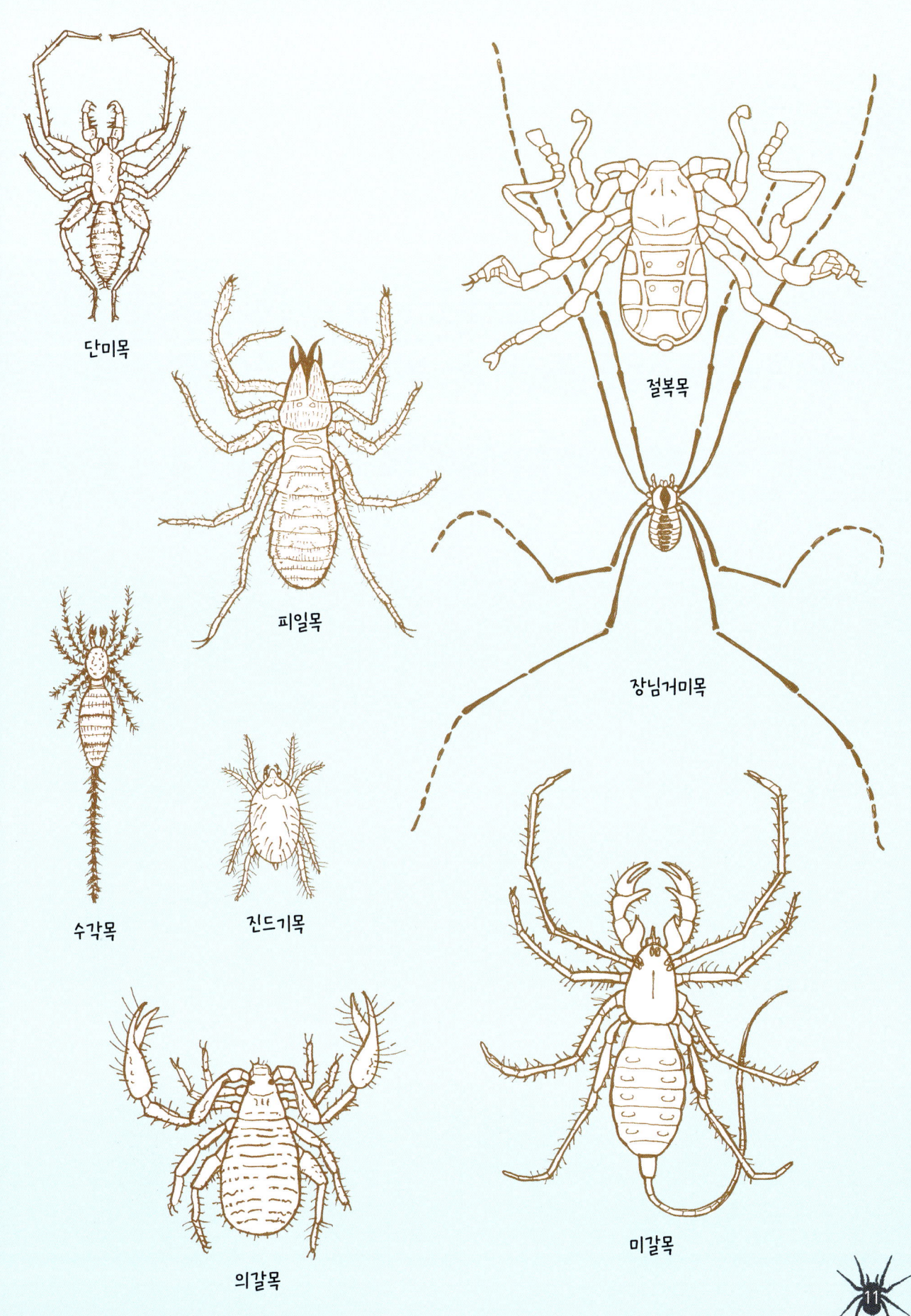

거미강, 거미목,
이게 무슨 말이냐고요?

생물은 보통 '종, 속, 과, 목, 강, 문, 계' 분류법으로 분류해요. 생물들의 비슷한 점과 다른 점을 구별하여 서로 가깝거나 먼 정도를 구분하는 분류 방법이에요. 같은 종이면 아주 가까운 거예요. 비슷한 종을 묶어 같은 '속'으로, 비슷한 속을 묶어 같은 '과'로 분류하는 식이에요. '계'가 가장 큰 단위이고 '종'이 가장 작은 단위예요.

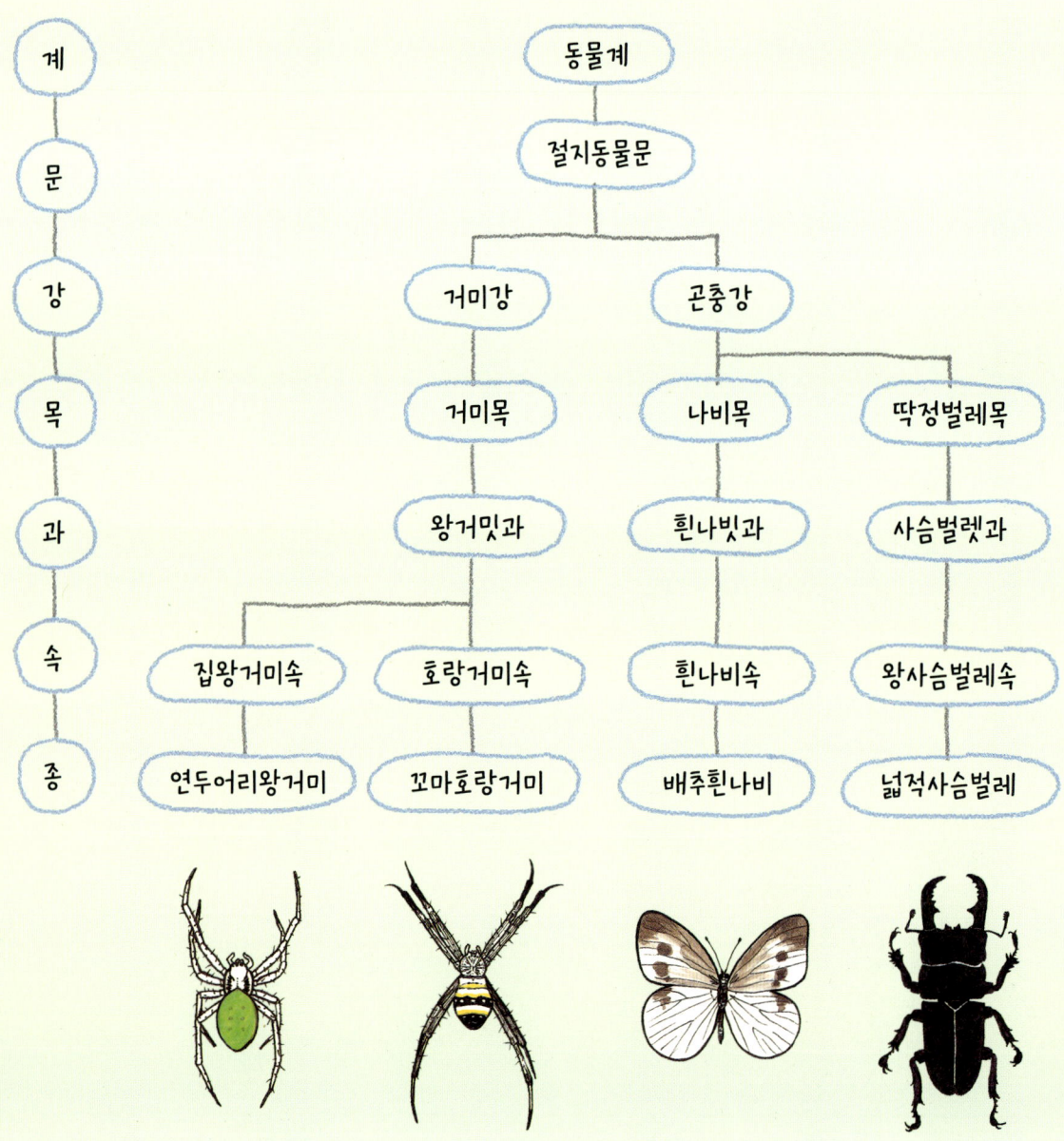

'계'는 동물계와 식물계로 나뉘어요.

동물은 절지동물문, 척삭동물문, 연체동물문, 강장동물문, 환형동물문 등 36개 정도의 '문'으로 나뉘어요.
문이 다르다는 것은 분류상 서로 아주 멀다는 거예요.

```
동물계
 │
척삭동물문
 │
포유강
 ├──────────────┬──────────────┐
식육목          영장목          단공목
 │              │              │
고양잇과        사람과          오리너구릿과
 ├──────┐       │              │
표범속  고양이속 사람속          오리너구리속
 │      │       │              │
사자    고양이   사람            오리너구리
```

거미는 곤충이 아니라고요?

거미에 대해 얘기할 때 가장 많이 하는 얘기 중 하나가 거미는 곤충이 아니라는 거예요. 그런데도 거미를 곤충이라고 생각하는 사람이 많아요. 거미는 곤충이 아니라 절지동물이라고 설명하기도 하는데 이것도 맞는 말은 아니에요. 곤충도 절지동물에 속하니까요. 거미와 곤충은 같은 절지동물문에 속하기는 하지만 전혀 다른 동물이에요. 먼저 생긴 모습만 살펴봐도 서로 많이 다르다는 것을 알 수 있어요.

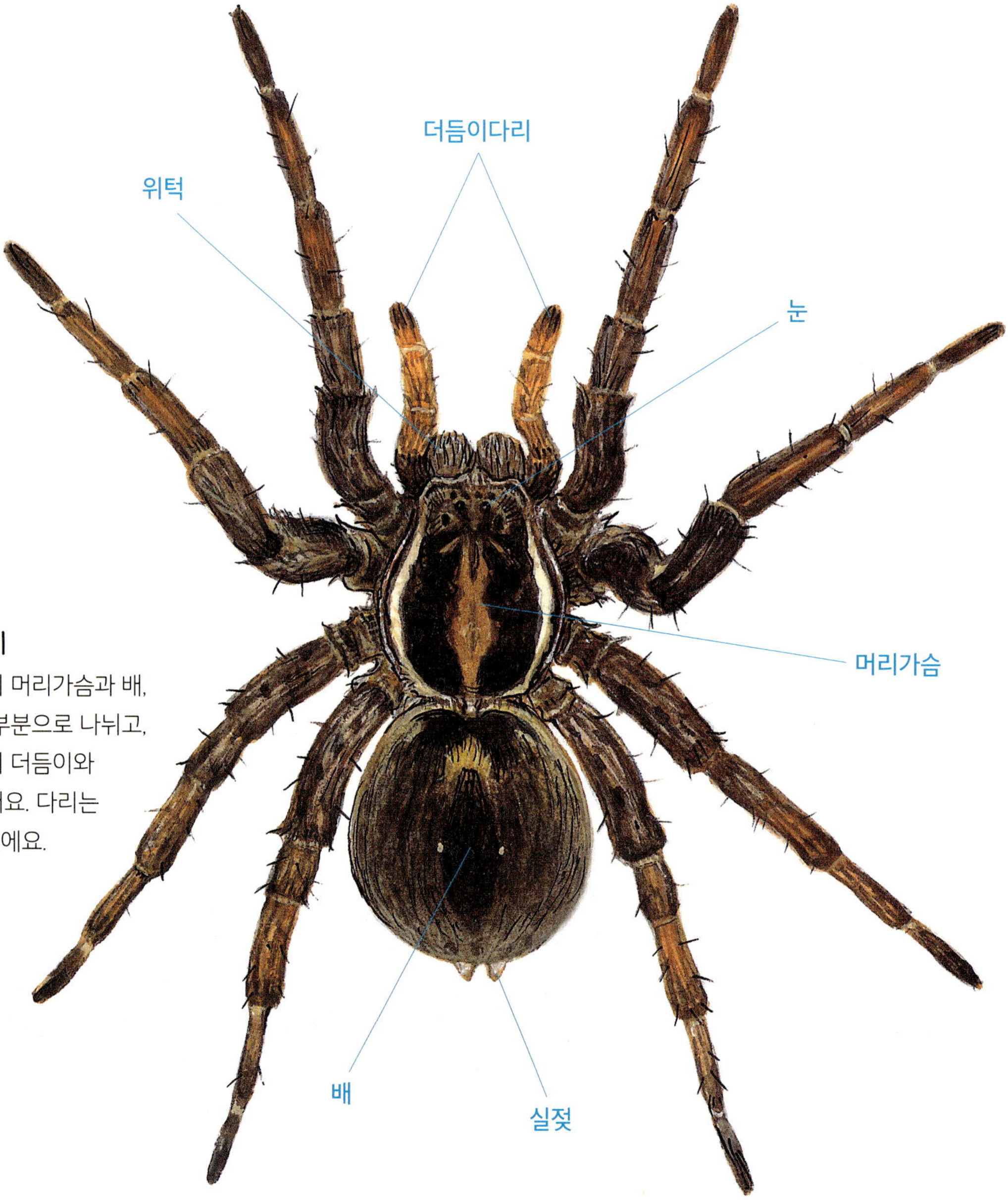

땅늑대거미
거미는 몸이 머리가슴과 배, 이렇게 두 부분으로 나뉘고, 곤충과 달리 더듬이와 날개가 없어요. 다리는 네 쌍(8개)이에요.

더듬이다리
위턱
눈
머리가슴
배
실젖

둘은 알에서 어른이 되는 과정도 완전히 달라요. 거미는 알에서 어미 거미와 똑같이 생긴 아기 거미가 나오지만, 곤충은 알에서 애벌레, 번데기를 거치는 동안 모양이 변하면서 어른곤충이 되지요.

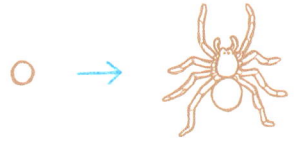

거미는 껍질을 벗는 '탈피'를 하면서 자라나요.

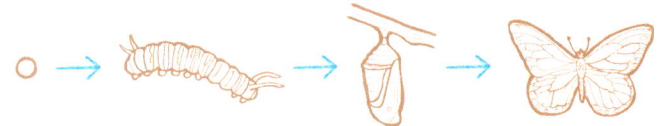

곤충은 모양이 변하는 '탈바꿈'을 하면서 자라요. 알, 애벌레, 번데기를 거쳐 어른곤충이 되는 것을 완전 탈바꿈이라고 하고, 애벌레에서 바로 어른곤충이 되는 것을 불완전 탈바꿈이라고 해요.

한국청벌

곤충은 몸이 머리, 가슴, 배의 세 부분으로 나뉘고, 더듬이 한 쌍(2개)이 있어요. 대부분 날개가 있고 다리는 세 쌍(6개)이에요.

(더듬이, 머리, 가슴, 날개, 배)

거미의 눈, 곤충의 눈

몸의 구조뿐만 아니라 거미와 곤충은 눈도 전혀 다르게 생겼어요. 거미는 홑눈만 있고, 곤충은 보통 두 개의 겹눈과 세 개의 홑눈이 있어요.

거미는 종마다 눈의 개수와 위치가 다르지만 대부분 눈이 여덟 개예요. 거미의 눈이 여덟 개인 이유는, 거미는 머리가슴이 붙어 있어서 머리를 좌우로 돌려 주위를 볼 수 없기 때문이에요. 뒤쪽에서 적이 오는지 살피기 위해 머리 뒤쪽에도 눈이 있는 거예요.

눈이 여덟 개나 있기는 하지만 모두 홑눈이라 시력이 그리 좋지 않아요. 특히 거미그물을 만들어 먹이를 기다리는 거미들은 눈을 거의 사용하지 않기 때문에 여섯 개, 네 개, 두 개로 눈의 개수가 적거나 거의 퇴화해 앞을 볼 수 없는 경우도 있어요.

깡충거미
깡충거미는 거미그물을 치지 않고 돌아다니면서 직접 사냥을 하는 거미 종류예요. 거미들 중에서는 눈이 크고 시력이 좋은 편이에요. 보통 평지에서는 걷지만 아래위로 움직이거나 먹잇감을 사냥할 때는 목표를 향해 정확히 뛰어내리고 뛰어올라요. 가운데 있는 큰 두 눈으로 사물의 모양을 알아보거나 거리를 재고, 나머지 눈 6개는 사물이 움직이는지 가늠할 수 있을 뿐 뚜렷하게 보이지는 않는다고 해요.

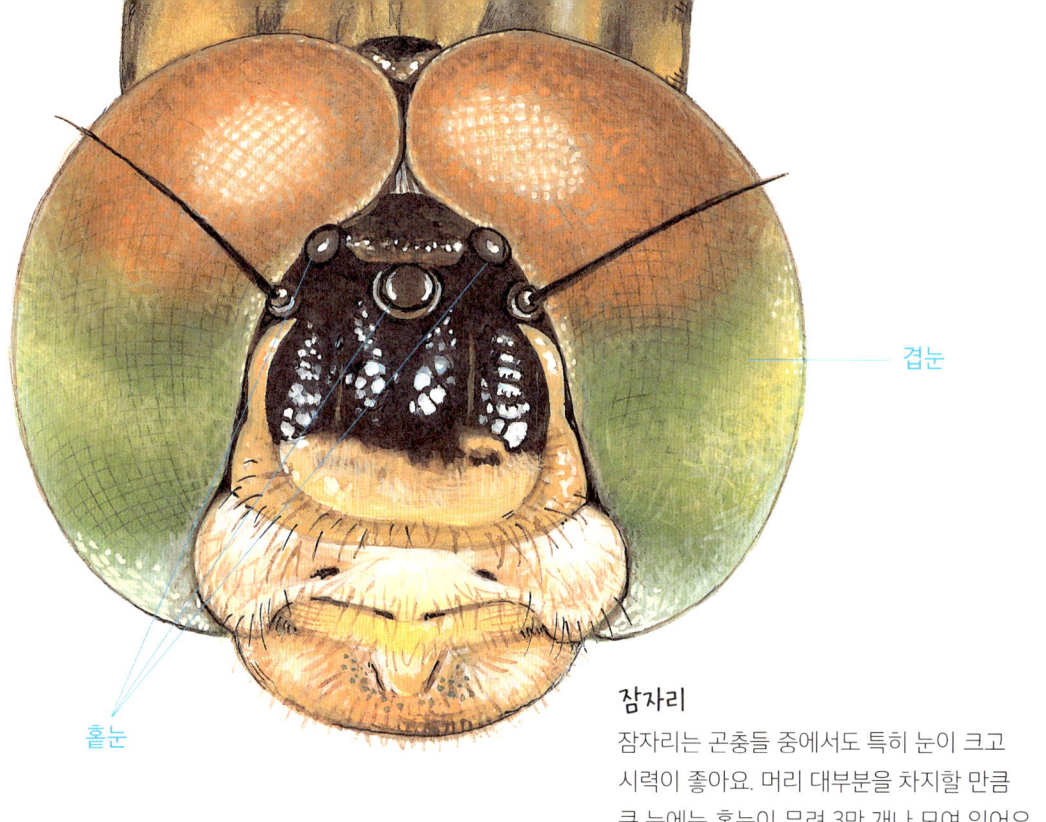

겹눈

홑눈

잠자리
잠자리는 곤충들 중에서도 특히 눈이 크고 시력이 좋아요. 머리 대부분을 차지할 만큼 큰 눈에는 홑눈이 무려 3만 개나 모여 있어요.

  파리나 잠자리, 개미 등 곤충의 눈은 수백에서 수만 개의 홑눈이 모여 있는 겹눈 구조예요. 크기가 크기도 하지만 반구 모양이라 고개를 돌리지 않고도 사방을 볼 수 있어요. 홑눈이 모인 겹눈은 사람의 눈처럼 선명하게 보이는 건 아니지만 움직이는 것은 훨씬 예민하게 볼 수 있어요.

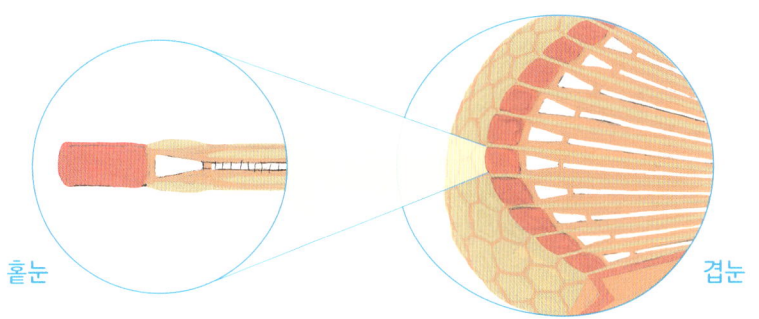

홑눈

겹눈

각각의 홑눈은 긴 원통 모양으로, 원통의 축과 일치하는 빛만 받아들일 수 있어서 보는 방향이 정해져 있어요.

겹눈은 각각의 홑눈이 보내온 신호를 모아서 보기 때문에 세상이 모자이크처럼 보여요. 홑눈의 수가 많을수록 겹눈이 정확하게 보이는데, 파리와 벌의 눈에는 약 4000개의 홑눈이 모여 있어요.

몸이 나뉘어 있는 절지동물

절지는 몸이 나뉘어 있다는 뜻이에요. **절지동물**은 몸과 다리에 여러 개의 마디가 있고, 껍데기가 딱딱해요. 크게 거미류, 갑각류, 다지류, 곤충류의 네 종류로 나뉘어요. 동물 중 종류가 가장 많은 무리로, 지구에 살고 있는 동물의 80퍼센트가 절지동물이고, 또 절지동물의 80퍼센트가 곤충류예요.

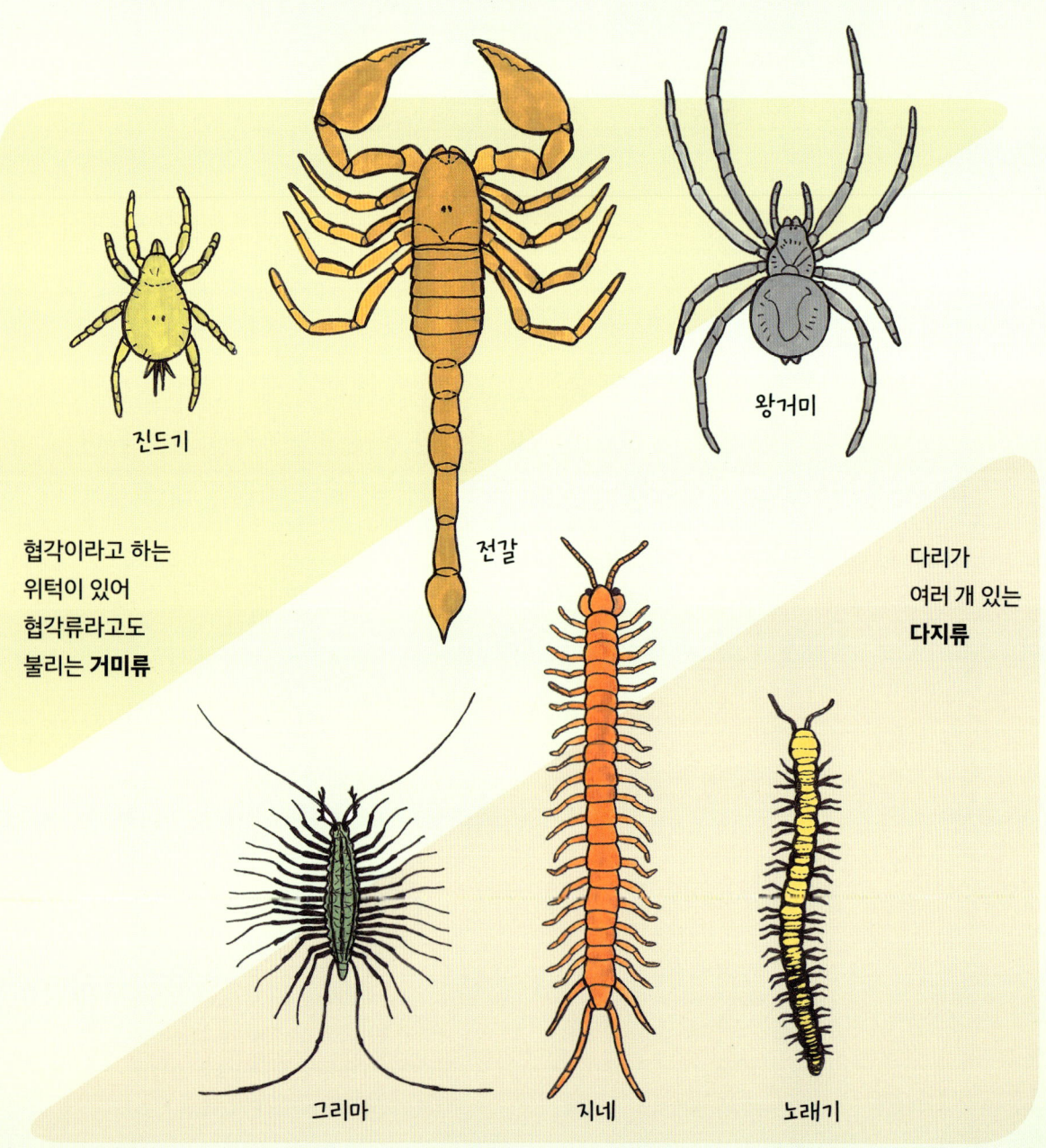

진드기

전갈

왕거미

협각이라고 하는 위턱이 있어 협각류라고도 불리는 **거미류**

다리가 여러 개 있는 **다지류**

그리마

지네

노래기

딱딱한 껍데기가
있고 대부분
바닷속에 사는
갑각류

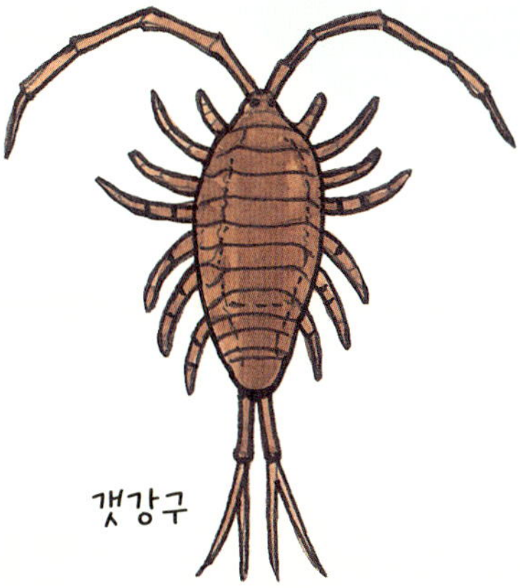

게

소라게

갯강구

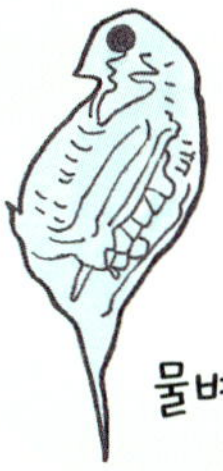

물벼룩

따개비

새우

다리가
6개이고
날개가 있는
곤충류

나비

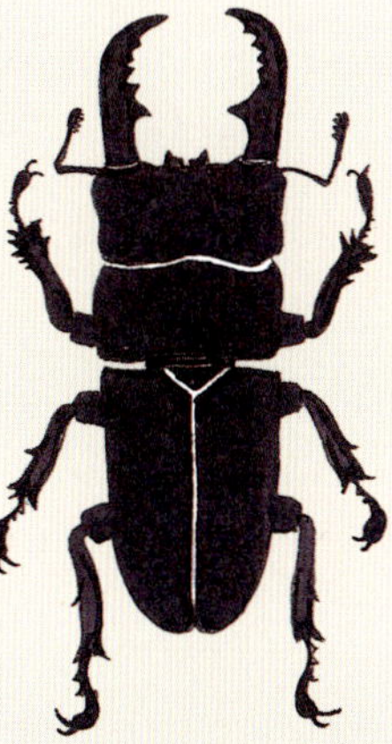

사슴벌레

벌

무당벌레

길고도 긴 인연

거미와 곤충은 둘 다 절지동물이긴 하지만 사람과 오리너구리보다 더 먼 관계예요. 조금만 살펴보아도 알 수 있듯이 둘은 서로 그리 닮지도 않았어요.

그런데 왜 많은 사람이 거미를 곤충이라고 생각할까요? 그건 아마 거미와 곤충이 아주 오랜 시간 붙어 다녔기 때문일 거예요. 과학자들은 지구의 육지에 적응해서 살게 된 최초의 육지 동물이 거미류와 곤충류라고 생각해요. 그러니 둘은 육지에 살고 있는 그 어떤 동물보다도 같이 지낸 시간이 긴 거예요. 4억 년 동안 붙어 다니고 있으니 혼동할 만하지 않나요?

물론 거미와 곤충이 사이좋은 이웃으로 서로 도와 가며 그 긴 시간을 함께 지낸 건 아니에요. 거미는 대부분 육식성인데 주로 곤충을 잡아먹어요. 그래서 곤충이 있는 곳에 늘 거미가 있는 거예요. 처음 생겨났을 때부터 지금까지 거미가 일방적으로 곤충을 쫓아다녔다고 할 수 있어요. 둘의 긴 이야기를 들어 볼까요?

아주아주 먼 옛날, 그러니까 지금으로부터 4억 5000만 년 전(고생대 오르도비스기), 지구의 육지에는 눈에 보이는 생물은 하나도 없었어요. 공기에는 산소가 부족했고, 또 생물의 세포를 파괴하는 태양의 자외선을 막아 주는 오존층도 없었거든요. 그런데 이때 처음으로 땅 위에 발을 디디고 걸어 다니는 동물이 나타났어요. 바로 노래기나 지네 같은 다지류와 전갈류예요. 이들은 모두 물속에서 살던 절지동물인데 위험한 자외선이 없는 밤에만 육지에 오르면서 물과 육지를 오가며 살 수 있었어요.

당시 빈 땅이었던 육지와 달리 바닷속은 두족류나 어류, 그리고 절지동물 등 여러 생물종이 폭발적으로 늘어났어요.

바다를 떠나 처음으로 육지에 오른 동물이 절지동물인 건
자연스러워 보여요. 절지동물은 겉껍질이 있어서 몸의 수분이
빠져나가는 걸 막을 수 있고, 관절이 있는 다리로 땅 위를
걸을 수도 있으니까요. 그리고 이때의 바닷속에 이미
바다전갈이나 삼엽충 같은 절지동물들이 넘칠 듯 많았다는
것도 한 가지 이유일 거예요.

그런데 왜 이 절지동물들은 아무것도 없어 보이는 육지에 오른 걸까요? 바다가 넓은 것 같지만 대부분의 생물들은 산호초 주변 얕은 물가에 모여 살아요. 다양한 생물종들이 생겨나면서 경쟁이 심해지고 바닷속은 아주 북적거렸을 거예요. 번잡해진 바닷속보다 한적한 바닷가를 기웃거린 동물들이 있었던 거지요.

그렇지만 아직 식물도 없는 육지에 먹을 것이 있었을까요? 노래기는 초식성이지만 흙 속의 세균이나 곰팡이, 썩은 녹조류 등을 먹고, 전갈이나 지네는 육식성이라 썰물 때 바닷가 웅덩이의 고인 물속에 갇힌 작은 물고기나 새끼 삼엽충을 잡아먹을 수 있으니 별문제는 없었을 거예요.

최초의 육지 식물은 선태류나 지의류 같은 이끼 종류예요.

쿡소니아
처음으로 줄기가 생긴 육지 식물이에요. 아직 뿌리나 잎이 없는 초기의 육지 식물들은 물가에 모여 살았어요.

4억 2000만 년 전(고생대 실루리아기), 육지에 식물이 나타나기 시작했어요. 식물이 광합성을 하면서 내뿜는 산소는 자외선을 막아 주는 오존층을 만들어요. 또 식물 자체가 여러 생물의 먹이가 되기도 하고, 세균이나 곰팡이 등과 함께 흙을 영양가 있게 만들기도 해요. 식물이 자라면서 비로소 온갖 생물이 육지에서 살아갈 수 있는 조건이 만들어진 거예요.

전갈류와 다지류는 가장 먼저 육지에 오른 동물이지만 이들은 모두 반수생으로 오늘날의 게처럼 물과 육지를 오가며 생활했고, 물을 완전히 떠나서 살 수는 없었어요. 전갈류에서 진화한 거미와 다지류에서 진화한 곤충이 물을 완전히 떠난 첫 번째 동물들이에요.

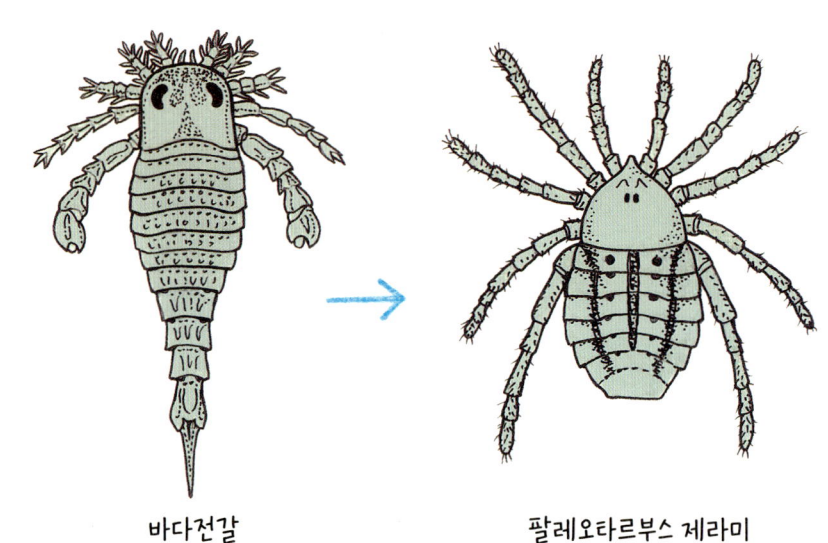

거미의 조상은 전갈류로, 지금의 게처럼 바다와 육지를 드나들며 살았어요.

바다전갈　　　　　팔레오타르부스 제라미

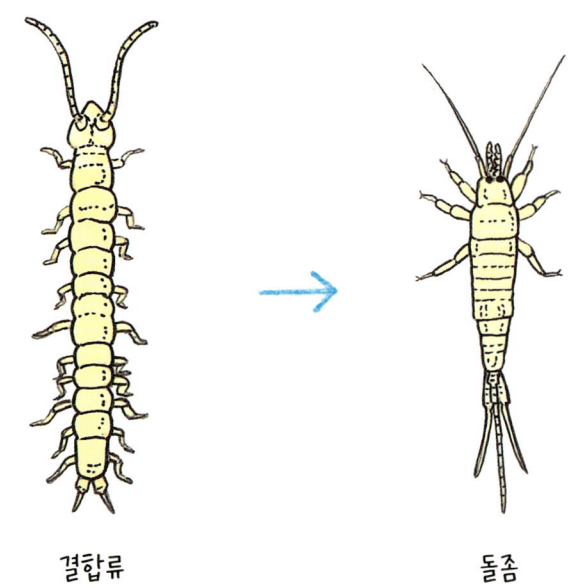

곤충의 조상은 다지류로, 몸의 마디를 줄여 곤충으로 진화했어요.
결합류는 노래기나 지네 같은 다른 다지류보다 크기가 매우 작고 몸의 마디와 다리 수가 적어 곤충의 조상과 가까울 것으로 생각해요. 초기의 곤충은 돌좀처럼 크기가 작고 날개가 없었어요.

결합류　　　　　돌좀

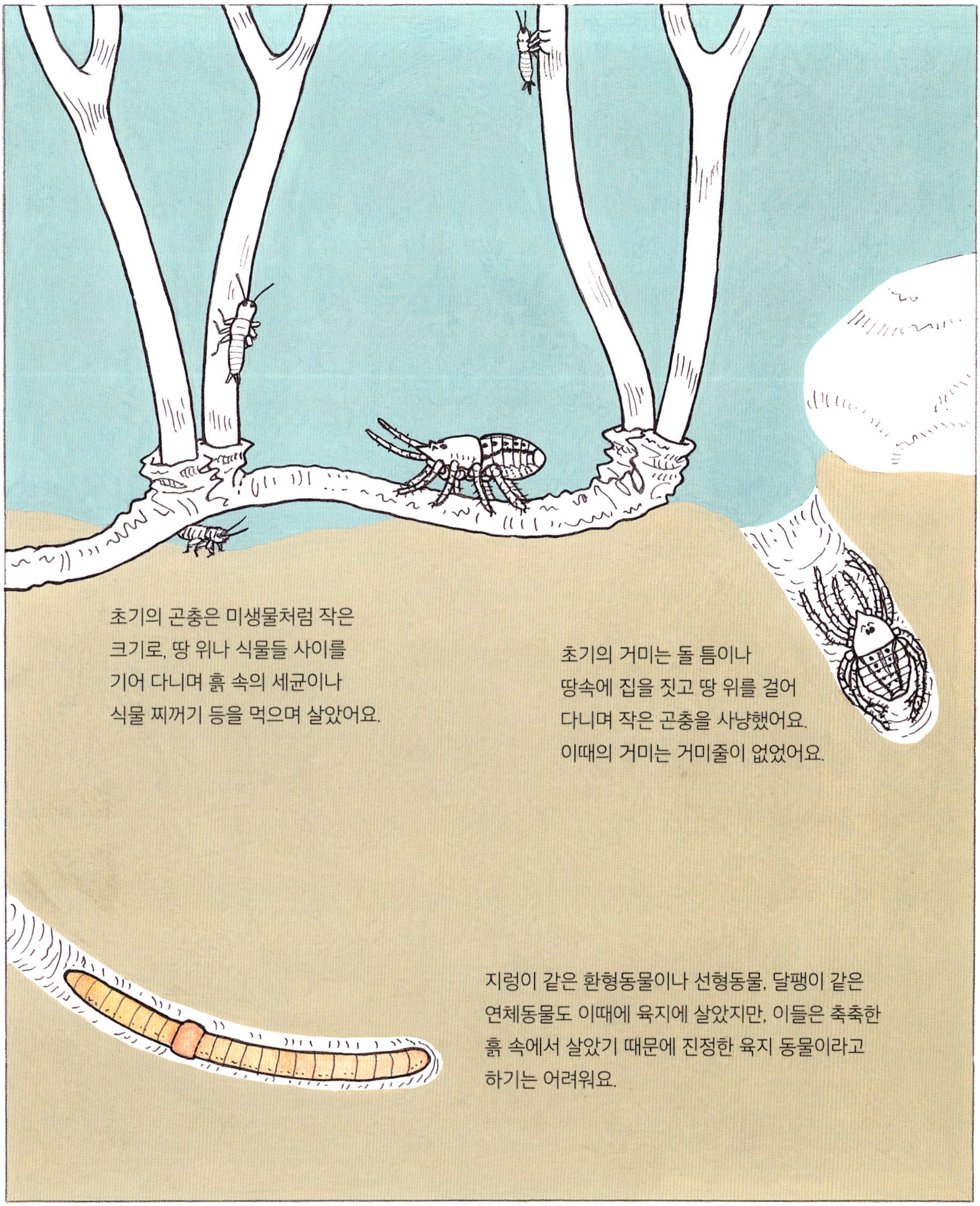

초기의 곤충은 미생물처럼 작은 크기로, 땅 위나 식물들 사이를 기어 다니며 흙 속의 세균이나 식물 찌꺼기 등을 먹으며 살았어요.

초기의 거미는 돌 틈이나 땅속에 집을 짓고 땅 위를 걸어 다니며 작은 곤충을 사냥했어요. 이때의 거미는 거미줄이 없었어요.

지렁이 같은 환형동물이나 선형동물, 달팽이 같은 연체동물도 이때에 육지에 살았지만, 이들은 축축한 흙 속에서 살았기 때문에 진정한 육지 동물이라고 하기는 어려워요.

거미와 곤충은 땅 위에 식물이 자라면서 육지에 살게 된 첫 번째 동물들이에요. 그리고 이 둘은 처음 생겨났을 때부터 거미가 곤충을 사냥해서 먹고 사는 천적 관계였어요.

4억 년 전(고생대 데본기)에는 식물의 종류와 양이 빠르게 많아졌어요. 따라서 곤충도 점차 다양해져 식물의 즙이나 잎을 먹는 종류도 생겨나게 돼요. 그리고 거미줄이 있는 거미도 나타났어요. 이때의 거미는 거미줄은 있지만 실젖이 없고, 거미줄을 사냥에 이용하지도 않았어요. 거미줄로 굴의 입구를 막거나 알을 싸서 보호했지요.

시간이 흘러 3억 5000만 년 전(고생대 데본기 말)에는 나무가 크고 빽빽하게 자라면서 숲이 더욱 무성해졌어요. 따라서 육지의 동물들도 크기와 종류가 다양해졌어요. 동물이 다양해졌다는 것은 곤충을 사냥하는 천적이 많아졌다는 얘기도 되지요. 본디부터 곤충을 잡아먹던 거미나 지네, 전갈뿐만 아니라 새로운 척추동물인 양서류까지 육지에 나타나면서 곤충은 천적들을 피해 나무 위로 올라가기 시작했어요. 그리고 거미도 곤충을 따라 나무 위로 올라갔지요. 먹이가 되는 곤충을 쫓아간 것이기도 하지만 자신도 천적을 피해야 했을 거예요.

처음으로 날개가 달린 곤충은
잠자리와 하루살이예요.
이후 날개 달린 여러 곤충이
계속 나타나요.

3억 년 전(고생대 석탄기), 더 이상 도망칠 곳이 없어진 곤충들이 날개를 만들어 하늘을 날게 됐어요. 곤충을 따라서 나무 위로 올라갔던 거미는 거미줄을 사냥에 이용하기 시작했어요. 나뭇가지 사이에 거미그물을 쳐서 공중을 날아다니는 곤충을 사냥하는 거지요. 이때부터 익룡과 공룡이 나타나기 전까지 거의 1억 년 동안 하늘을 나는 건 곤충뿐이었고, 날개 달린 곤충을 사냥할 수 있는 건 거미뿐이었어요.

다른 동물들은 날개가 없는
곤충이나 곤충의 알, 애벌레를
사냥했지요.

이렇게 처음 지구에 나타난 4억 년 전부터 지금까지도 곤충을 가장 많이 사냥하는 것은 거미예요. 거미가 1년에 먹어 치우는 곤충의 무게가 8억 8000만 톤에 이른다고 해요. 이것은 8500만 마리의 코끼리와 맞먹는 무게로, 인간이 살충제로 죽이는 곤충의 수보다 훨씬 많은 양이에요. 아마 거미가 없었다면 지구는 이미 곤충으로 가득 찼을 거예요.

　거미가 일방적으로 쫓아다닌 것이긴 하지만 둘은 오랜 세월 붙어 다니며 함께 진화해 왔어요. 거미가 공중에 그물을 치게 된 것도 곤충의 날개 때문이고, 나방이나 나비의 몸과 날개에 비늘이 생긴 것도 거미줄에서 도망치기 위해서예요. 사실 많은 종류의 곤충이 거미를 피하기 위해 모양과 행동을 바꿨어요.

　거미가 말할 수 없이 다양한 모양과 생활 방식을 가지게 된 것도 그 어떤 생물종보다 번성한 곤충의 영향이에요. 바닷속을 제외한 지구의 어느 곳이든지 곤충이 있고, 곤충이 있는 곳에는 반드시 거미가 있으니까요. 이제 거미가 곤충처럼 느껴지는 이유를 알 것도 같지요?

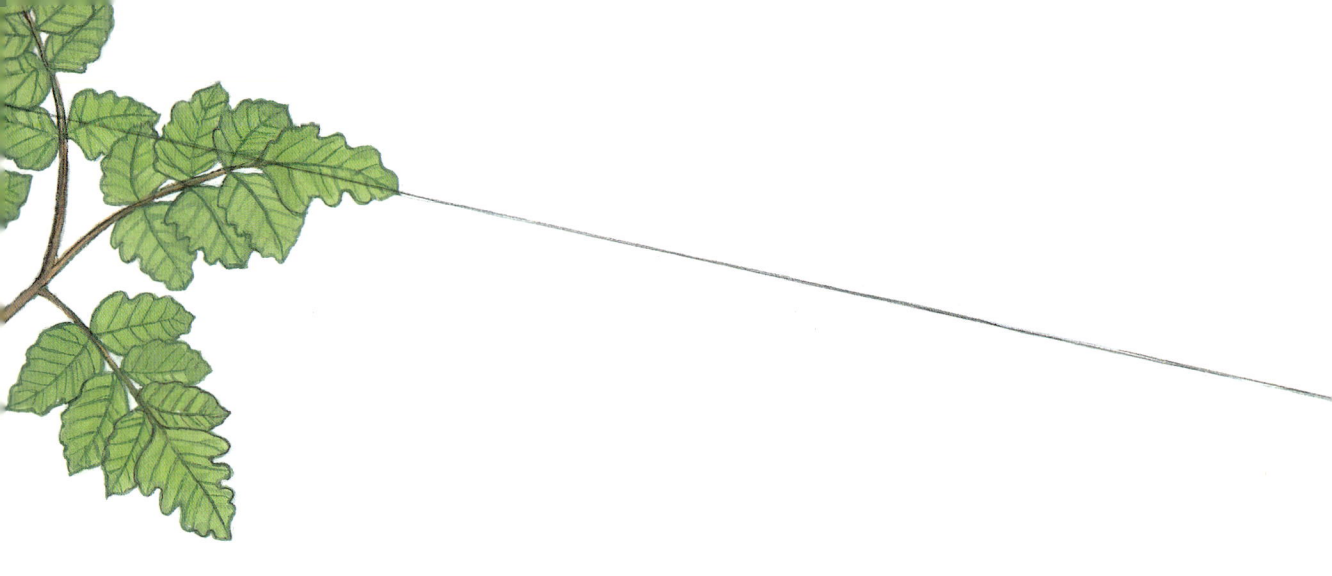

우리는 흔히 거미줄을 사냥에 이용한다는 정도로 알고 있지만, 거미는 거미줄을 상상 이상으로 다양하게 사용하며 살아가요. 그리고 모든 거미가 다 거미그물을 치는 것도 아니에요. 거미그물을 아예 치지 않는 거미도 있어요. 하지만 거미그물을 치지 않는 거미도 모두 거미줄을 가지고 있어요. 거미줄이 있어야 '거미'니까요.

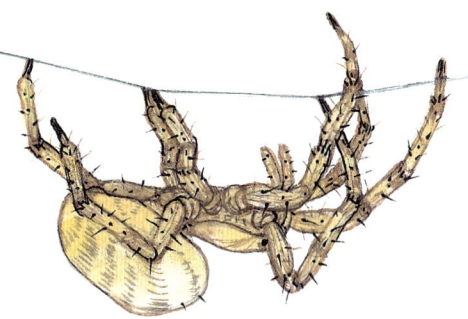

　거미줄은 자연에서 만들어지는 다른 어떤 물질과도 비슷하지 않은 특이한 물질이에요. 이런 거미줄 때문에 거미가 지구상의 다른 어떤 동물과도 비슷하지 않은 특이한 동물이 되는 거예요. 이제부터 거미의 다양한 모양과 살아가는 모습을 살펴볼까요? 아마 무엇을 상상하든 그 이상을 보게 될 거예요.

모든 거미가 거미그물을 치는 것은 아니에요

거미는 생활 방식에 따라 한곳에 정착해 사는 **정주성 거미**와 떠돌이 생활을 하는 **배회성 거미**로 나뉘어요. 한곳에서 살면서 거미그물을 쳐 놓고 먹잇감을 기다리는 정주성 거미와 달리 배회성 거미는 거미그물을 치지 않아요.

배회성 거미는 사는 곳이 일정하지 않고 계곡이나 개울가, 수풀 사이를 돌아다니며 직접 사냥을 해요. 땅굴을 파지도 않고, 탈피나 알 낳기 같은 특별한 경우가 아니면 거미줄을 잘 쓰지도 않아요.

닷거미류는 대표적인 배회성 거미예요. 늑대거미, 닷거미, 스라소니거미, 깡충거미, 게거미 등 거미류의 절반 정도가 배회성 거미에 속해요. 배회성 거미는 직접 사냥을 하기 때문에 눈과 다리가 발달해 있고, 굵고 긴 다리가 특징이에요.

황닷거미

산왕거미

호랑거미, 무당거미, 왕거미, 가시거미, 들풀거미, 꼬마거미 등은 지상형 정주성 거미에 속해요. 나무 위나 풀 사이, 돌 틈 같은 땅 위에 거미그물을 치는 지상형 정주성 거미들은 대부분 다리가 가늘고 긴 것이 특징이에요.

정주성 거미는 나무 위나 바위틈, 건물 안 등 우리 눈에 보이는 땅 위에 거미그물을 치는 **지상형**과 땅을 파고 생활하는 **지하형**으로 나뉘어요. 땅 속에 굴을 만드는 지하형 거미도 굴 벽면을 거미그물로 둘러싸지요.

땅거미류는 땅 위나 땅속에 집을 짓고 그물을 치는 대표적인 지하형 정주성 거미예요. 지하형 정주성 거미는 굵고 짧은 다리가 특징이에요.

고운땅거미

정주성 거미는 지상에 살든 지하에 살든 모두 그물을 치고 생활하기 때문에 '그물형 거미'라고도 불러요. 그물형 거미는 종류에 따라 다양한 모양의 거미그물을 만들어요.

거미그물 하면 흔히 규칙적인 바퀴 모양을 한 둥근 그물을 생각하지만 둥근 그물이 변형된 형태인 초승달 모양이나 삼각형 모양으로 그물을 만들기도 하고, 바큇살처럼 줄을 맞추지 않고 불규칙하게 마구 치는 거미그물도 많아요.

꼬마거미는 불규칙한 그물을 쳐요.

꼬리갈거미는 특이하게 규칙적인 바퀴 모양의 둥근 거미그물을 수평으로 쳐요.

검정접시거미
접시거미류는 불규칙하게
자아낸 거미줄을 늘어뜨려 놓아서
그물이 접시나 사발 모양이 돼요.

깔때기거미류나 들풀거미류는
거미그물을 불규칙하게 친 뒤 가운데 부분을
바위틈이나 돌담 사이의 구멍 속으로 잡아당겨
그물을 깔때기 모양으로 만들어요.

들풀거미

많은 그물형 거미들이 공중에 거미그물을 쳐서 사냥을 하지만 특이한 방법으로 거미줄을 사냥에 이용하는 거미들도 있어요.

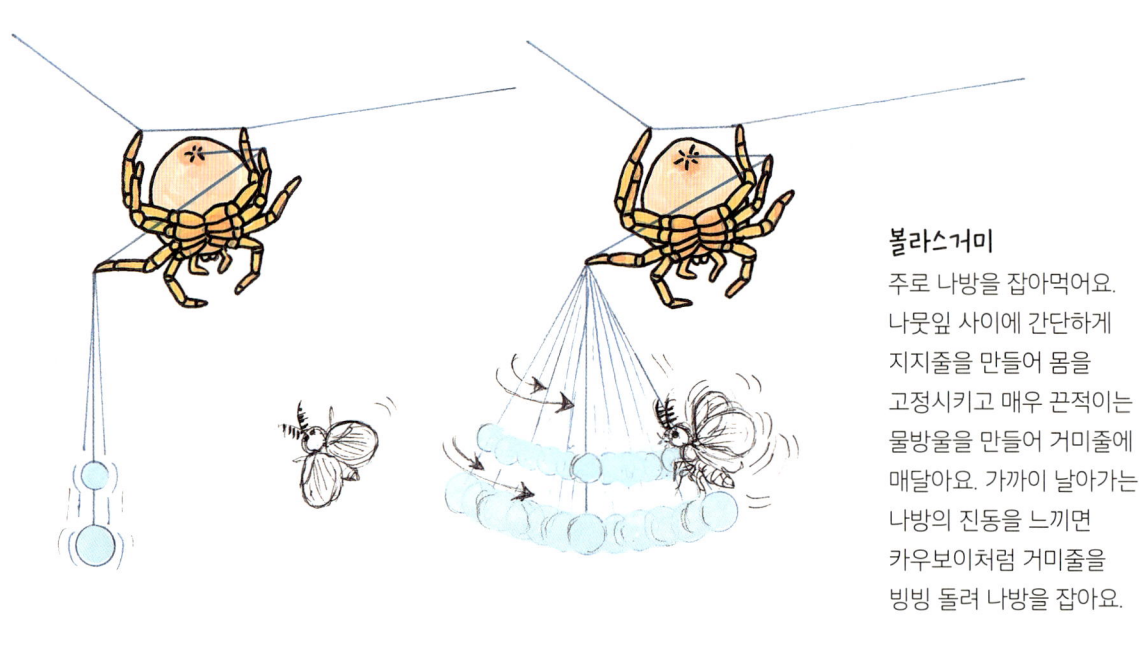

볼라스거미
주로 나방을 잡아먹어요. 나뭇잎 사이에 간단하게 지지줄을 만들어 몸을 고정시키고 매우 끈적이는 물방울을 만들어 거미줄에 매달아요. 가까이 날아가는 나방의 진동을 느끼면 카우보이처럼 거미줄을 빙빙 돌려 나방을 잡아요.

왕눈이거미
다리 사이에 선반 모양으로 그물을 만든 다음, 좁은 길목에 자리를 잡고 사냥감을 기다려요. 귀뚜라미나 딱정벌레 같은 곤충이 지나가면 순식간에 그물을 쫙 펼쳐서 잡아요.

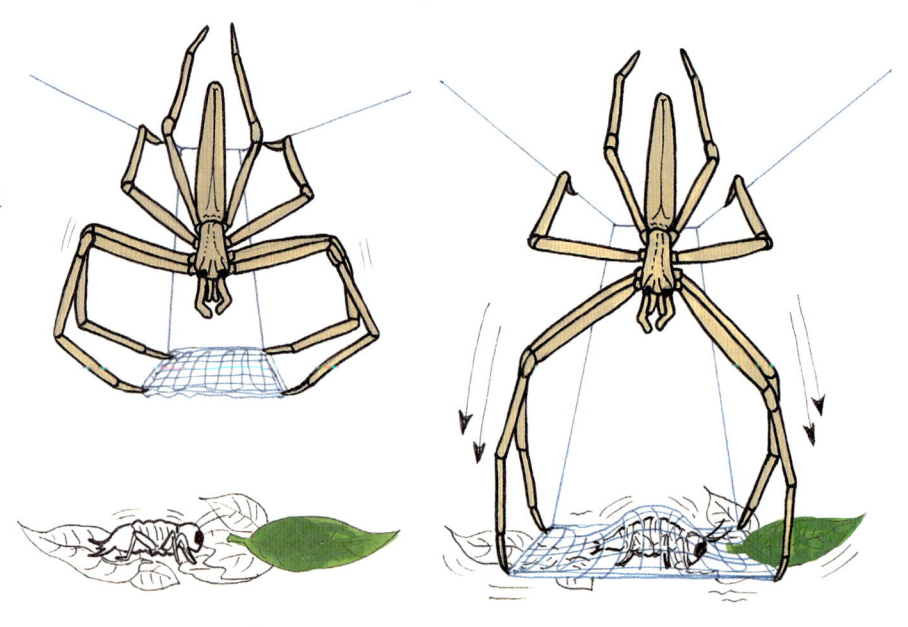

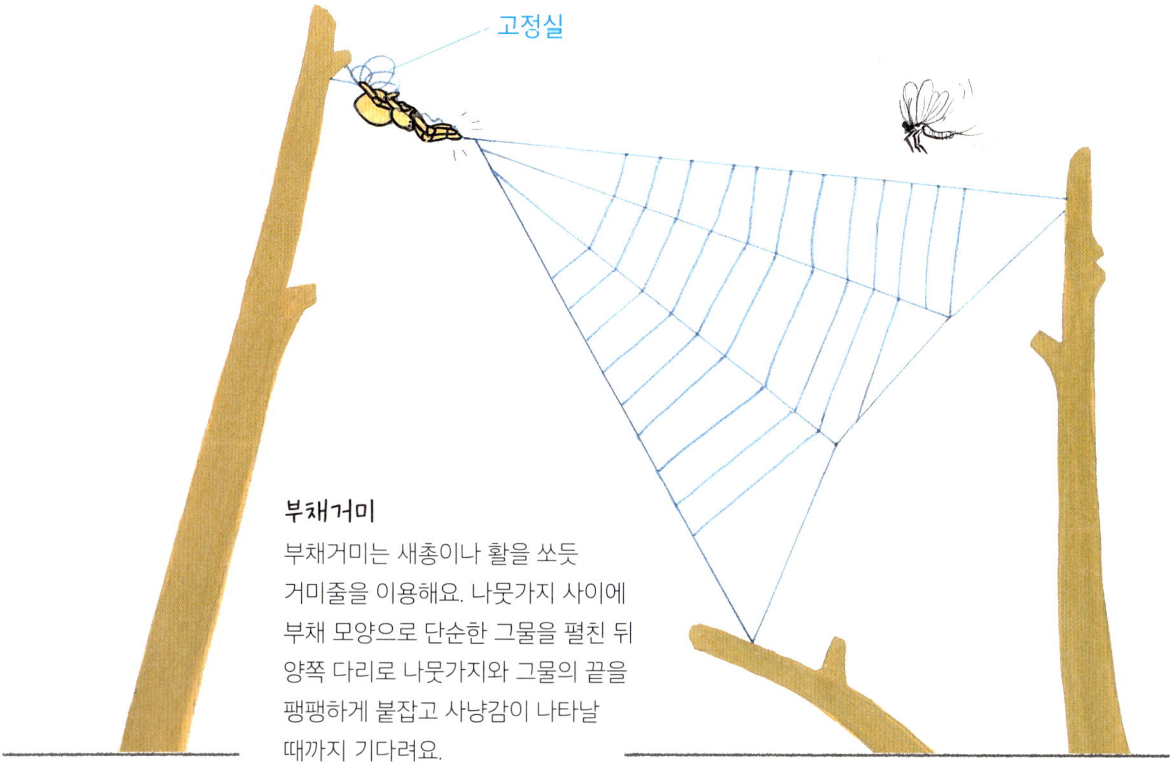

고정실

부채거미

부채거미는 새총이나 활을 쏘듯 거미줄을 이용해요. 나뭇가지 사이에 부채 모양으로 단순한 그물을 펼친 뒤 양쪽 다리로 나뭇가지와 그물의 끝을 팽팽하게 붙잡고 사냥감이 나타날 때까지 기다려요.

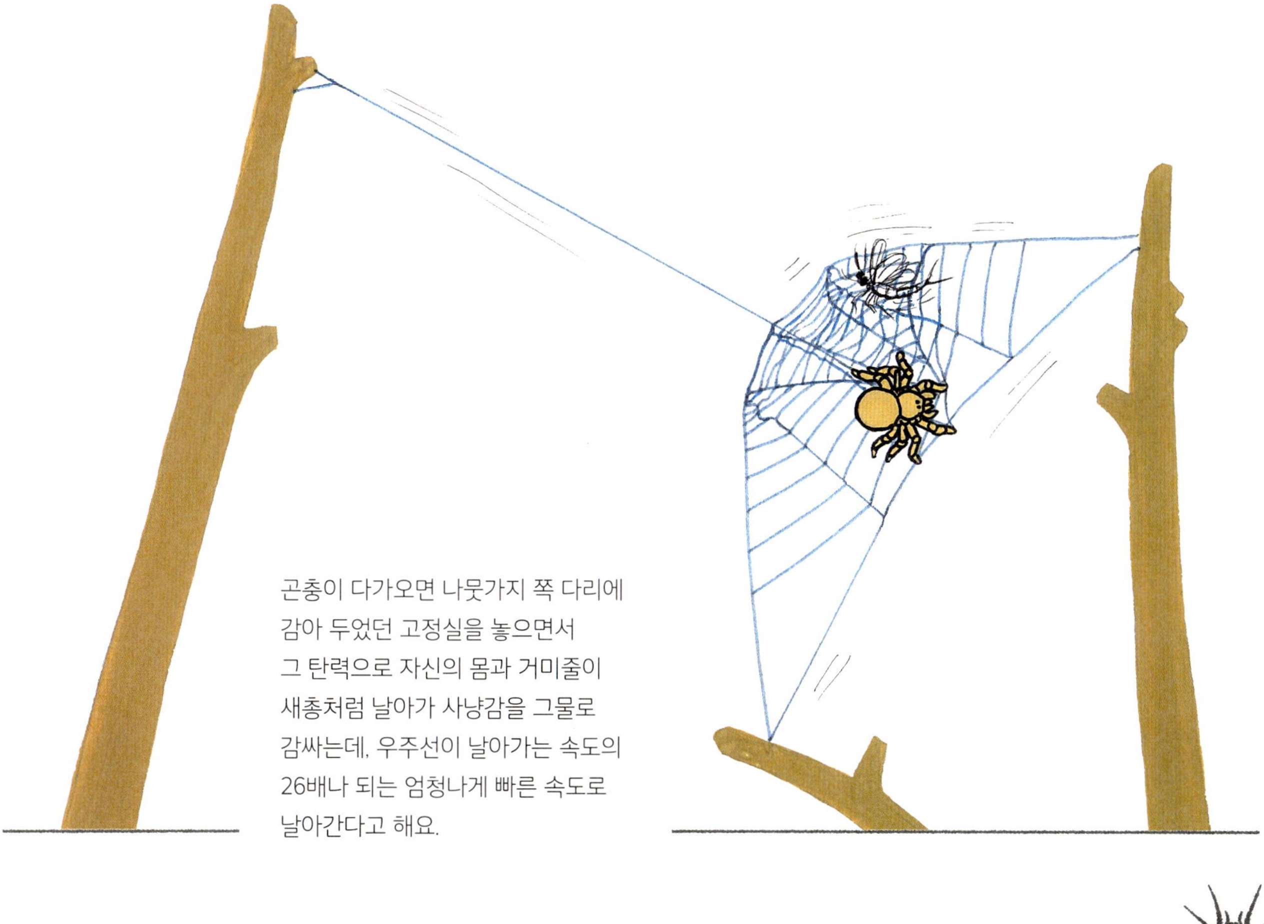

곤충이 다가오면 나뭇가지 쪽 다리에 감아 두었던 고정실을 놓으면서 그 탄력으로 자신의 몸과 거미줄이 새총처럼 날아가 사냥감을 그물로 감싸는데, 우주선이 날아가는 속도의 26배나 되는 엄청나게 빠른 속도로 날아간다고 해요.

거미줄로 사냥만 하는 건 아니에요

거미에게 거미줄은 생존이 달려 있다고 할 만큼 중요해요. 거미그물을 만들어 사냥을 하는 것뿐만 아니라 천적을 피해 도망가고, 몸을 숨길 집을 짓고, 알을 감싸서 보호하는 등 거미줄은 놀라울 만치 다양하게 쓰여요.

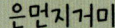

은먼지거미
거미 중 은먼지거미와 장은먼지거미, 이 두 종류만 머리를 위쪽으로 향해요. 둘은 위험이 닥치면 위쪽으로 도망가요. 그래서 다른 거미들과 달리 거미그물의 위쪽을 넓게 쳐요.

거미는 어디를 가든지 꽁무니에 실을 내어 두고 있다가 새 같은 천적이 나타나면 실을 쭉 뽑아서 아래로 도망쳐요. 그래서 그물을 치는 중이거나 먹잇감에게 급하게 달려가거나 하는 경우가 아니라면 거의 머리를 아래쪽으로 향하고 있어요.

알을 감싸고 보호하려는 것이 거미가 처음 거미줄을 만들어 낸 이유일 거예요. 거미는 알을 거미줄로 감싸서 천적으로부터 지켜요.

거미그물에 걸린 먹잇감이 도망가지
못하게 꽁꽁 싸맬 때도 거미줄을 쓰는데
이때에는 그물을 칠 때와는 다르게
담요같이 넓은 거미줄을 사용해요.

꼬마호랑거미

주로 호랑거미류가 둥근 그물을 치고
그 가운데에 '흰 띠'를 만들어요. X 자나 Y 자 등
여러 가지 모양으로 만드는 이 흰 띠는 곤충의
눈에는 꽃이 반사하는 자외선처럼 보인다고
해요. 꽃인 척하면서 곤충을 유인하는 거예요.
그래서인지 호랑거미류가 사냥
성공률이 가장 높아요.

거미는 날개가 없지만 거미줄을 이용해 날 수도 있어요. 거미그물을 치기 위해 나무 사이를 날아가 거미줄을 연결하는 정도를 말하는 게 아니에요. 거미는 실제로 300킬로미터나 되는 거리를 날아가기도 하고, 고공의 제트기류를 타고 바다를 건너기도 해요. 그렇다고 센바람을 타고 날아가는 것은 아니에요. 따뜻하게 데워져서 하늘로 올라가는 공기의 흐름인 상승 기류를 타고 두둥실 날아오르기 때문에 오히려 가벼운 산들바람을 주로 이용해요. 그래서 거미는 공기의 흐름이나 바람의 방향에 아주 민감하다고 해요.

보통 알에서 깨어 난 새끼 거미가 실 같은 거미줄을 날려 바람을 타고 새로운 곳으로 날아가지만 크기가 작은 종류는 어른 거미도 이런 식으로 먼 거리를 이동할 수 있어요. 날개가 없는 거미를 전 세계 어느 곳에서든 볼 수 있는 이유이지요. 새로 생긴 화산섬이나 간척지, 고층의 기상 관측기구, 바다 한가운데 떠 있는 배에서 거미를 본다고 해도 이상할 게 없어요.

게거미는 몸길이 5밀리미터에 몸무게가
25밀리그램 정도의 작은 거미로, 어른거미도
하늘을 날 수 있어요. 하늘을 날기 위해
높은 곳에 올라 바람과 공기의
흐름을 살피고, 적당한 바람이 불어오면
다리를 들고 배를 공중으로 향한 다음
50~60가닥의 거미줄을 풀어서 내뿜어요.
이때의 거미줄은 평소에 쓰는 거미줄보다
훨씬 가는 나노 섬유 거미줄인데,
가닥이 많은데도 서로 엉키지 않아요.
삼각형 모양의 거미줄이 바람을 타면
거미의 몸을 들어 올려서
연처럼 날아가는 거예요.

거미그물 치기

그물을 치는 거미는 보통 하루에 한 번 새 그물을 만들어요. 그물이 잘못 만들어졌거나 그물에 먼지가 묻어 눈에 잘 띄거나 하면 하루에도 여러 번 거두어들이고 새로 만들기도 해요. 이때 이물질이 묻지 않은 거미줄은 다시 먹기도 해요. 그럼 거미가 어떻게 거미그물을 치는지 볼까요?

1. 그물을 만들기 위해 끈적이는 실을 바람에 날려요.

2. 나뭇가지 사이에 실을 연결해 다리를 놓아요.

너무 큰 먹잇감이 거미그물에 걸리면, 발버둥을 쳐서 그물 전체가 망가질 수 있어요. 그걸 막기 위해 그물의 일부분이 끊어져요. 이때에는 가로실과 세로실의 연결 부위가 끊기지요.

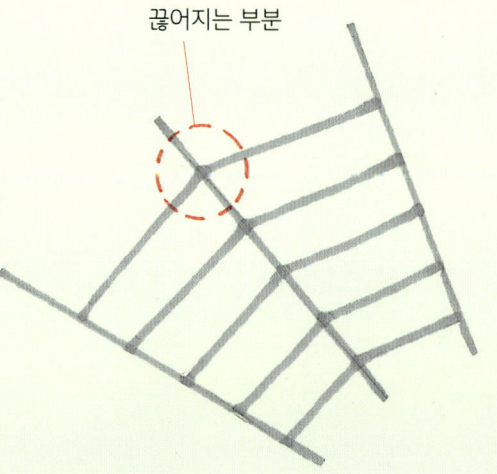

끊어지는 부분

3. 실 한가운데를 Y 자 모양으로 잡아당겨요. 이제 골격이 만들어졌어요.

4. 바깥쪽 틀을 완성하면 중심에서 바큇살 모양으로 뻗어 나가는 방사실을 만들어요.

5. 일정한 간격으로 방사실을 만들어요.

6. 이제 끈적이는 실로 시계 반대 방향으로 돌아가면서 나선실을 만들어요. 나선실이 촘촘하게 쳐지면 그물이 완성돼요.

모든 거미는 태어날 때부터 자신이 만들 그물의 구조를 잘 알고 있다고 해요. 그래서 어린 거미나 어른 거미나 만드는 그물 모양이 항상 같아요.

거미는 어떻게 실을 만들어 낼까요?

거미의 배 속에 있는 실샘에는 거미줄의 원료가 되는 걸쭉한 액체가 들어 있어요. 이 액체가 실젖을 통해 밖으로 나오는 순간 공기에 닿아 굳으면서 실이 되는 거예요. 실젖에서 실의 두께나 점도, 나오는 속도를 조절해요. 그러면서 집을 짓는 실, 알 주머니를 만드는 실, 먹이를 싸는 실, 또는 하늘을 나는 실 등 여러 가지 실이 만들어져요.

기본적으로 실젖에서 나오는 실은 매끈하고 끈적이지 않아요. 부착실이나 거미그물의 가로실같이 접착성이 필요한 경우에만 끈적끈적한 물질을 실에 발라 같이 내보내면서 접착력이 있는 실이 되는 거예요.

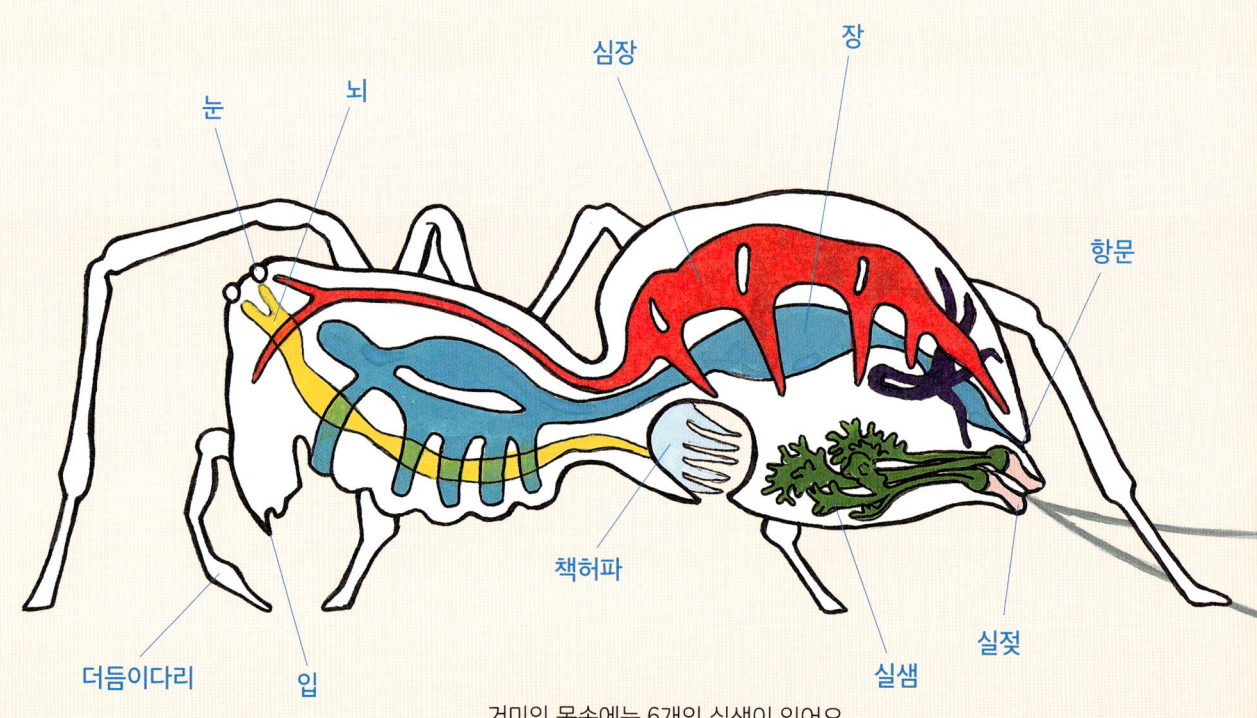

거미의 몸속에는 6개의 실샘이 있어요. 각각의 실샘은 저마다 기능과 작용이 달라요. 용도에 따라 여러 개의 실샘의 실을 섞어서 쓰기도 해요.

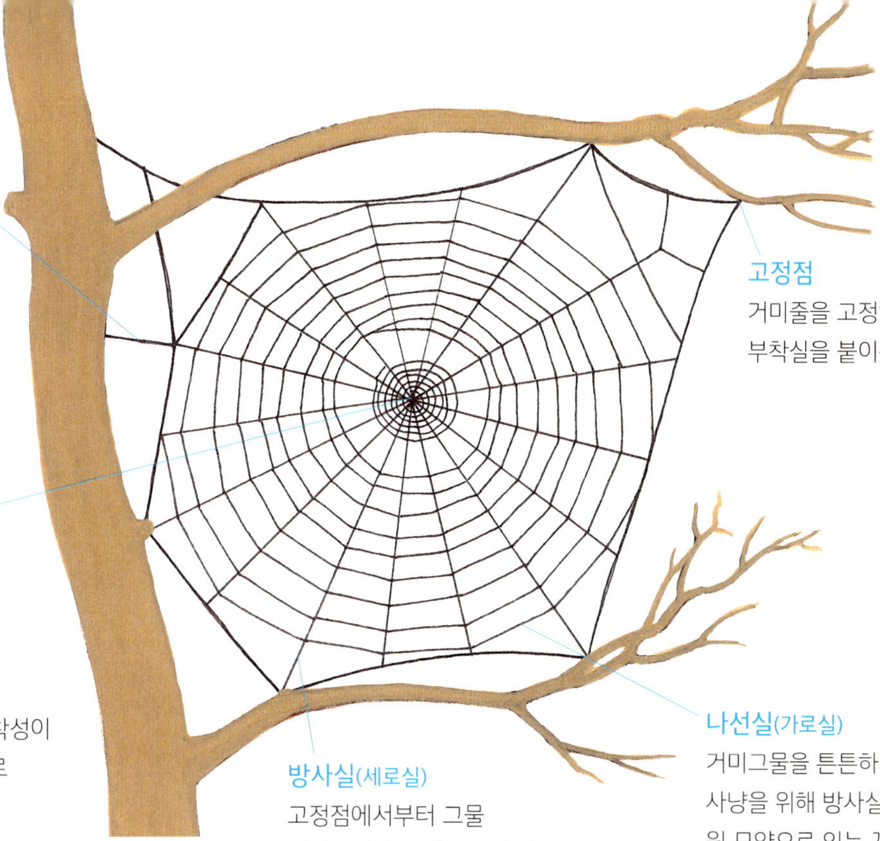

지지실
마지막 나선실과 고정점 사이에 있는 방사실의 끝부분

고정점
거미줄을 고정하기 위해 부착실을 붙이는 지점

바퀴통
그물을 튼튼하게 하면서 발을 디딜 발판으로 삼으려고 중심부에 만들어요. 이 부분의 실은 접착성이 없어요. 거미는 주로 이곳에서 먹잇감을 기다리거나 쉬어요.

방사실(세로실)
고정점에서부터 그물 한가운데까지 있는 각각의 실

나선실(가로실)
거미그물을 튼튼하게 하고 사냥을 위해 방사실 사이를 원 모양으로 잇는 끈적이는 실

거미그물 하나를 만들 때에도 여러 종류의 실이 쓰여요. 실을 나무에 고정하는 부착실과 나선실(가로실)을 제외하고 다른 실은 접착력이 없어서 끈적이지 않아요.

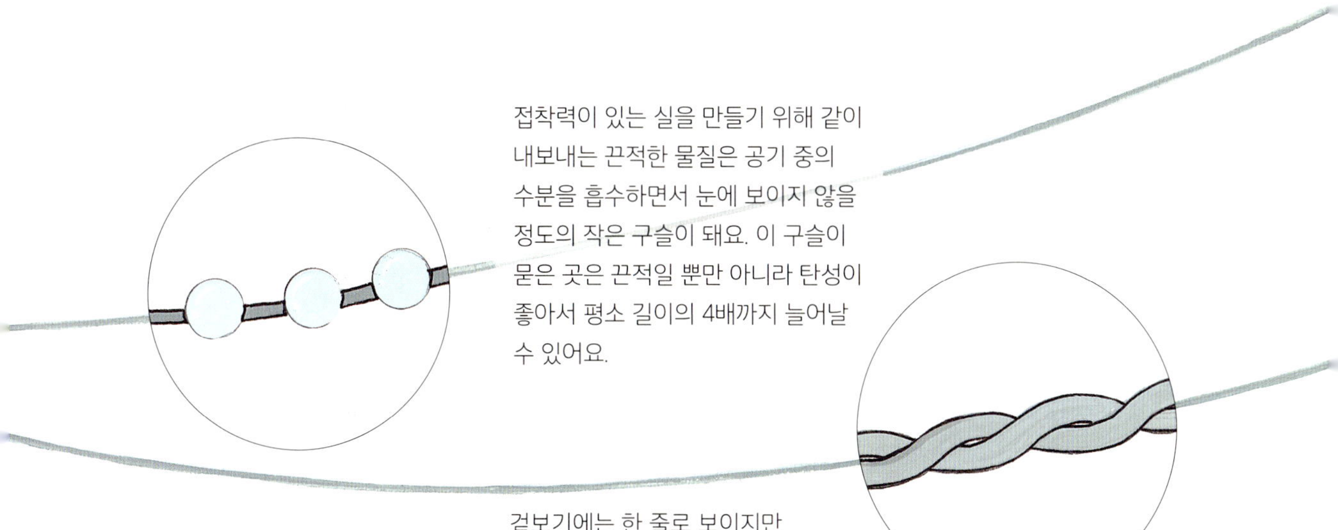

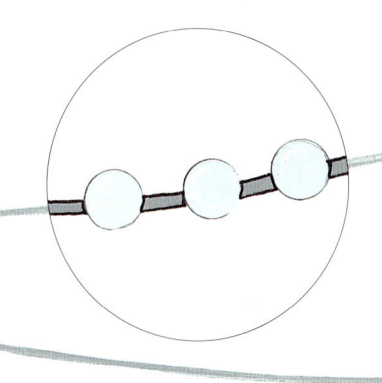

접착력이 있는 실을 만들기 위해 같이 내보내는 끈적한 물질은 공기 중의 수분을 흡수하면서 눈에 보이지 않을 정도의 작은 구슬이 돼요. 이 구슬이 묻은 곳은 끈적일 뿐만 아니라 탄성이 좋아서 평소 길이의 4배까지 늘어날 수 있어요.

겉보기에는 한 줄로 보이지만 두 겹이나 세 겹으로 되어 있고, 매달리기 위한 실은 여러 겹을 꼬아서 튼튼하게 만들어요. 가장 질긴 거미줄의 경우 같은 두께의 강철보다 4배나 강해요.

거미는 왜 거미줄에 달라붙지 않나요?

예전에는 거미가 발끝에 기름을 묻히기 때문에 거미줄에 붙지 않는다고 생각했고, 최근에는 끈적이지 않는 가로실로만 다닌다고 생각했어요. 물론 거미는 온몸에서 잘 달라붙지 않는 화학 물질이 나오기도 하고, 완성된 거미그물을 다닐 때 가로실로 주로 다니기도 해요. 하지만 거미그물을 하나 칠 때 끈끈한 세로줄을 1000~1500번 정도 디디는 것을 확인했어요.

강모

다리에 나 있는 강모 중 발끝에 나 있는 강모는 가장자리가 톱니 모양으로 생겨서 거미줄에 닿는 면적을 최소화해요.

앞 발톱

뒤 발톱

거미그물을 치고 거미줄 위를 걷는 정주성 거미는 발톱이 3개예요. 빗처럼 생긴 2개의 앞 발톱과 1개의 뒤 발톱이 있어요.

그렇다면 거미가 거미줄에 달라붙지 않는 진짜 이유는 뭘까요? 가장 큰 이유는 거미 다리에 난 강모(센털)라는 털 때문이라고 해요. 강모는 거미의 발이 거미줄에 닿는 면적을 최소한으로 줄여 줘요. 그리고 쇠스랑처럼 생긴 세 개의 발톱으로 거미줄을 최소한의 면적으로 디뎌요. 사실 거미도 늘 조심하면서 거미줄 위를 다니는 거예요.

거미줄 위를 걷지 않는 배회성 거미는 뒤 발톱이 없어서 발톱이 2개예요.

발끝 털 다발

배회성 거미는 발바닥 끝에 촘촘히 나 있는 털 무더기가 마찰력을 높여 줘요. 그래서 미끄러운 급경사나 천장에서도 걸을 수 있고, 일부 거미는 물 위를 걸을 수도 있어요.

거미의 털이 거미줄에 달라붙지 않게 하는 역할만 하는 건 아니에요. 거미의 몸과 다리에 빽빽하게 난 털은 감각이 무척 예민해요. 거미는 이 털을 통해 소리를 듣고, 냄새를 맡고, 진동을 느끼면서 주변에 어떤 일이 일어나는지 알아내요. 그래서 시력이 좋지 않은 그물형 거미들도 사냥감이 거미그물에 걸린 것을 곧바로 알아채고 재빨리 먹이를 향해 달려갈 수 있는 거예요.

거미는 다리에 난 3000개가 넘는 센서가 있는 털 덕분에 거미줄에 사냥감이 걸리면 바로 알아차리고 달려가서 거미줄로 칭칭 감아요. 사실 거미줄에 걸린 곤충 중 80퍼센트는 다시 도망가거든요. 사냥감을 놓치지 않으려고 진동을 민감하게 느끼고 빠르게 움직이는 것이지요.

귀털
거미는 귀와 금형 기관과 귀털로 소리를 들어요. 귀털은 다른 털보다 길고 부드러우며 거의 수직으로 돋아나요. 금형 기관은 소리를 듣는 구멍으로, 몸의 각 부분에 퍼져 있어요.

거미의 수명

거미의 수명은 1년, 2년, 3년 등 다양하지만 보통 1년 정도 살아요. 그러나 몸이 큰 거미 종류 중에는 20년 이상 사는 거미도 있어요. 대부분의 거미는 짝짓기 후에 죽어요. 거미는 생활 주기에 따라 어른이 되는 시기가 저마다 달라서 어떤 거미는 가을에 어른이 되어 겨울 동안 짝짓기를 하고 죽고, 또 어떤 거미는 겨울을 지나고 봄에 짝짓기를 하고 죽어요.

1년 미만으로 사는 거미는 대표적인 정주성 거미인 무당거미예요.

무당거미

땅늑대거미

1~1년 반을 사는 거미로는 닷거미류와 늑대거미류가 있어요. 봄이나 여름에 알을 낳고 1~5주 뒤에 새끼들이 깨어 나요. 새끼들은 어느 정도 자란 상태로 겨울을 나고 이듬해 봄에 완전히 어른이 되어 알을 낳아요.

가는줄닷거미

민자가게거미

집유령거미

2~3년 사는 거미로는 가게거미류, 유령거미류 중 몇 종이 있어요.

한국땅거미

3년 이상 사는 거미로는 땅거미류가 있어요.

멕시코붉은무릎타란툴라
암컷은 30년 정도 살고,
수컷은 6년 정도 살아요.

거미의 암수 구별은 어떻게 하나요?

거미는 어른이 되기 전에는 암수 구별이 어려워요. 어른이 되고 나면 수컷의 더듬이다리 발 끝마디가 권투 글러브처럼 부풀어요. 보통은 이렇게 더듬이다리 모양을 보고 암수를 구별하지만 암컷과 수컷이 생김새가 전혀 다른 경우도 있어요. 이런 경우는 서로 다른 종류라고 생각되기도 해요.

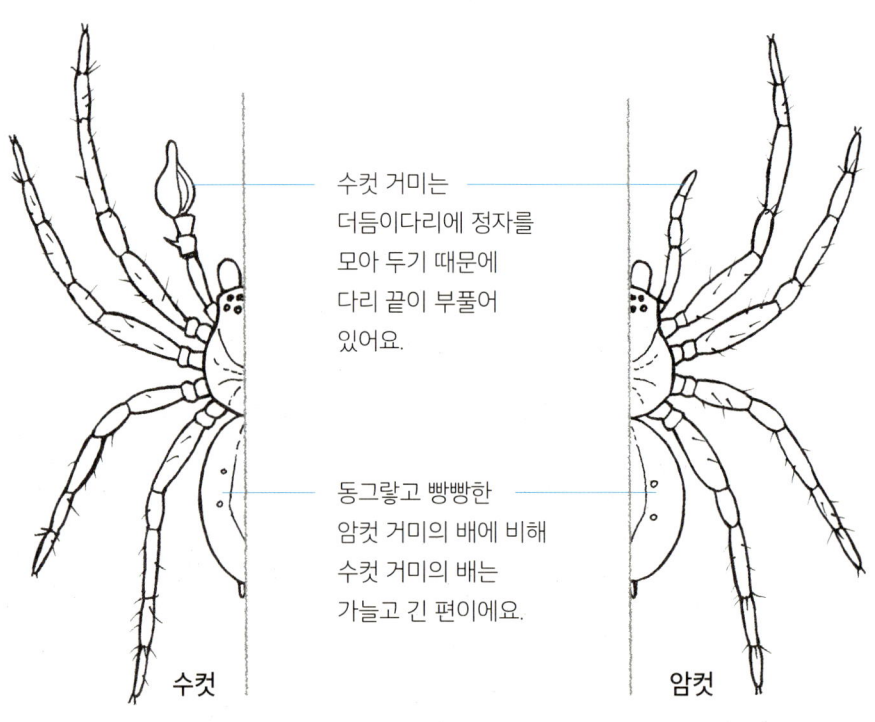

수컷 거미는 더듬이다리에 정자를 모아 두기 때문에 다리 끝이 부풀어 있어요.

동그랗고 빵빵한 암컷 거미의 배에 비해 수컷 거미의 배는 가늘고 긴 편이에요.

수컷   암컷

가시거미는 암컷과 수컷이 전혀 다르게 생겼어요.

가시거미 수컷   가시거미 암컷

긴호랑거미, 무당거미, 호랑거미 등은 암컷과 수컷의 크기가 차이 나서 금세 암수를 구별할 수 있어요.
크기 차이가 가장 큰 것은 무당거미예요. 암컷은 몸길이가 25~30밀리미터이지만 수컷은 6~10밀리미터로, 암컷의 3분의 1 정도예요.

무당거미 수컷

무당거미 암컷

 그리고 크기 차이로 암수를 구별할 수 있는 종도 있어요. 많은 종류의 거미가 암컷이 수컷보다 몸집이 크고 힘도 더 세요. 거미는 보통 혼자 살다가 짝짓기 철에만 수컷이 암컷에게 접근하는데, 이렇게 크기 차이가 나서 수컷은 짝짓기할 때 매우 조심해요. 암컷이 수컷을 잡아먹기도 하거든요.

호랑거미와 무당거미를 구별해 볼까요?

긴호랑거미

호랑거미는 몸의 줄무늬가 선명하고 다리가 굵은 편이에요. 거미그물에 앉아 있을 때 다리를 2개씩 모으고 있는 경우가 많아 언뜻 보면 다리가 4개로 보여요.

호랑거미는 그물의 가로줄을 동그랗게 쳐요.

꼬마호랑거미   호랑거미

호랑거미류는 여러 종류가 있어요. 그중에서 긴호랑거미가 무당거미와 크기와 생김새가 가장 비슷해요.

호랑거미와 무당거미는 우리나라에서 가장 쉽게 만나는 거미로, 마을 근처나 들, 숲 어디에서나 살아요. 둘은 크기와 색깔이 비슷해 혼동하는 경우가 많아요. 한눈에 바로 구별할 수 있는 건 거미그물이에요. 원형의 그물에 X 자나 Y 자 모양의 흰 띠가 있다면 그건 호랑거미의 그물이에요. 그리고 곤충 찌꺼기가 주렁주렁 매달린 삼중 그물은 무당거미의 그물이에요.

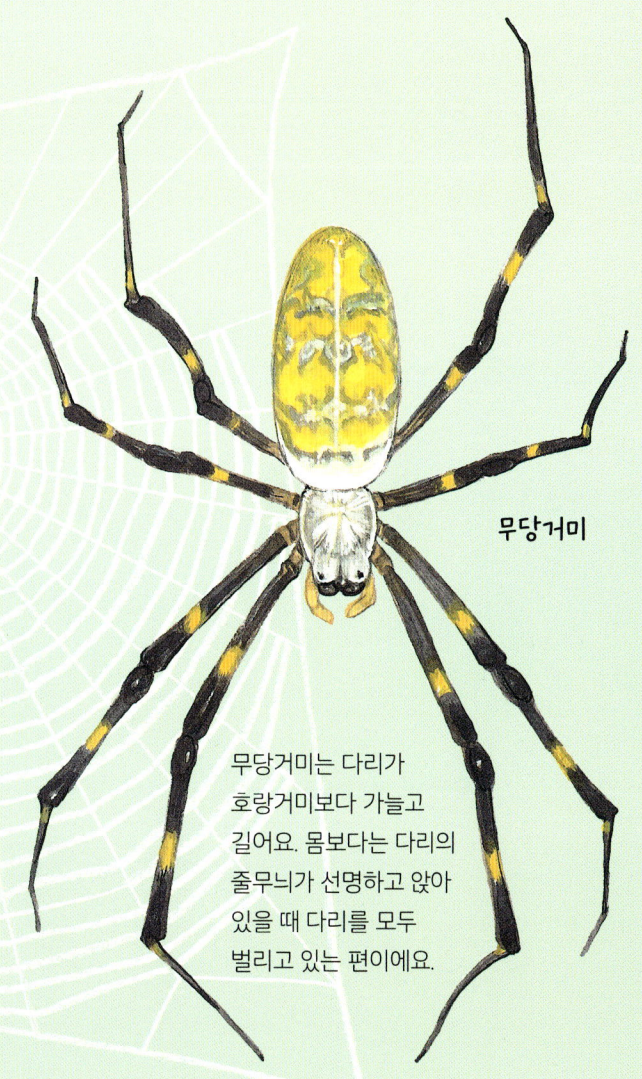

무당거미

무당거미는 그물의 가로줄을 말발굽 모양으로 쳐요.

무당거미는 다리가 호랑거미보다 가늘고 길어요. 몸보다는 다리의 줄무늬가 선명하고 앉아 있을 때 다리를 모두 벌리고 있는 편이에요.

호랑거미는 몸이 둥글고 납작한 반면 무당거미의 몸은 통통하고 옆구리에 붉은 줄무늬가 있어요.

거미의 알

짝짓기를 마친 암컷 거미는 평소에 쓰는 거미줄과 다른 특별한 실로 알 주머니를 만들어요. 하나 또는 여러 개를 만들어 알을 넣은 다음 돌이나 나무줄기, 나뭇잎 등을 여기저기에 붙이고 거미줄로 덮어요. 어떤 거미는 알에서 새끼가 나올 때까지 알 주머니를 턱이나 실젖에 매달고 다니기도 해요.

복먼지거미 알 주머니

장수갈거미 알 주머니

무당거미 알 주머니

큰새똥거미 알 주머니

집유령거미
집유령거미는 새끼 거미가 알을 깨고 나올 때까지 알집을 물고 다녀요.

늑대거미
늑대거미는 대표적인 배회성 거미로 무자비한 사냥꾼이지만 모성애가 강한 동물로 유명해요. 늑대거미 암컷은 동그란 알 주머니를 애지중지 배 밑에 달고 다니다가 새끼들이 알에서 깨어 나면 등에 업고 다니면서 돌봐요.

알을 낳은 지 10일쯤 되면 새끼 거미가 알을 깨고 나와요. 처음에는 새끼 거미끼리 모여 있거나 어미 거미 곁에 있지만 몇 번 허물을 벗으며 어느 정도 자라면 바람을 타고 날아가 흩어져요. 그러고 나면 새로운 곳에서 각자의 삶을 살아가게 되지요.

거미의 크기

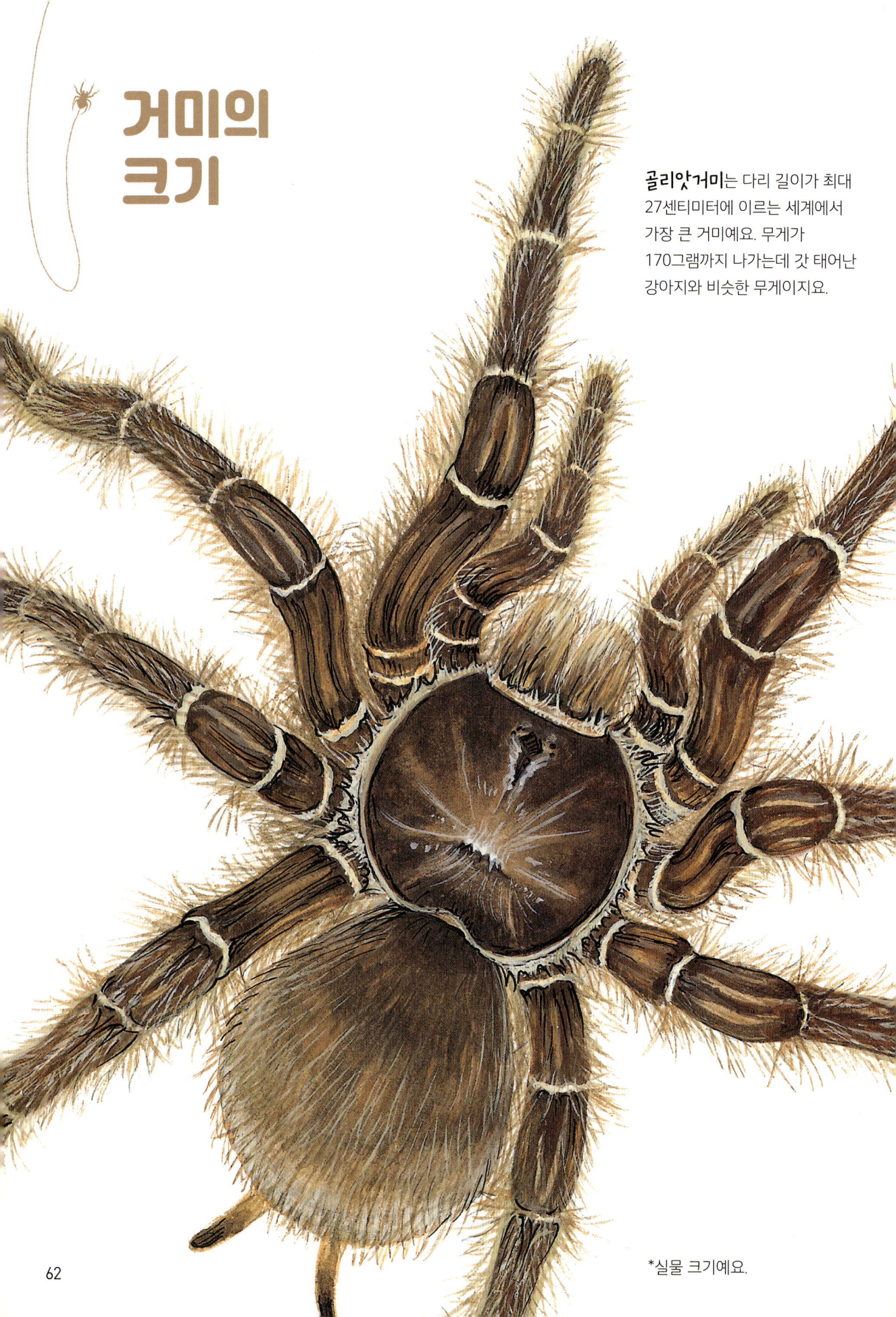

골리앗거미는 다리 길이가 최대 27센티미터에 이르는 세계에서 가장 큰 거미예요. 무게가 170그램까지 나가는데 갓 태어난 강아지와 비슷한 무게이지요.

*실물 크기예요.

우리나라 거미를 크기별로 나누어 볼까요? 몸길이가 20밀리미터가 넘으면 대형종, 10~20밀리미터이면 중형종, 2~10밀리미터이면 소형종, 2밀리미터 이하이면 극소형종으로 분류해요.

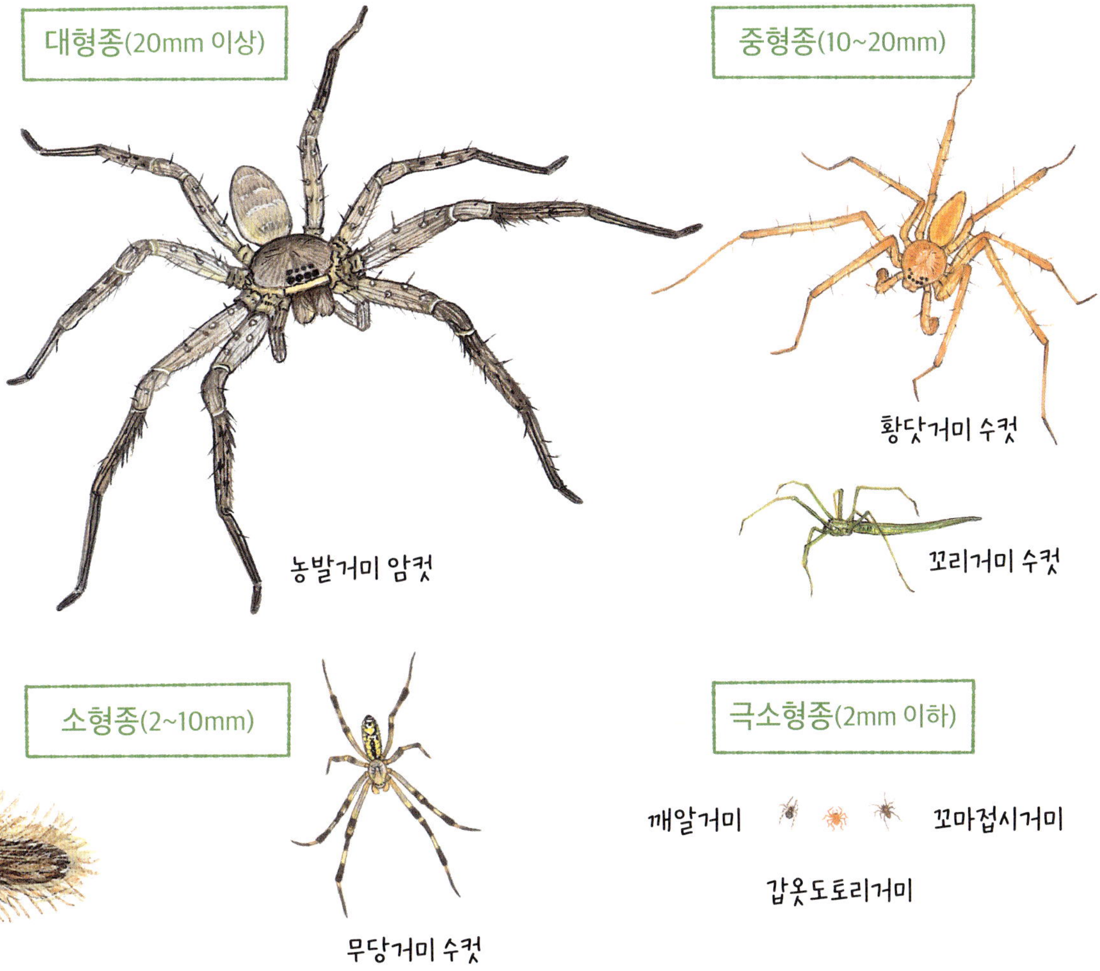

대형종(20mm 이상)

농발거미 암컷

중형종(10~20mm)

황닷거미 수컷

꼬리거미 수컷

소형종(2~10mm)

무당거미 수컷

극소형종(2mm 이하)

깨알거미 꼬마접시거미

갑옷도토리거미

호랑거미, 산왕거미, 황닷거미, 농발거미, 꼬리거미, 무당거미 등의 암컷이 가장 큰 대형종에 속해요. 이 중 산왕거미, 황닷거미, 농발거미, 꼬리거미의 수컷이 15~20밀리미터 정도의 중형종이에요. 암컷과 크기 차이가 큰 무당거미 수컷은 6~10밀리미터 정도로 소형종에 속해요. 그리고 2밀리미터 이하 크기의 극소형종에는 갑옷도토리거미, 꼬마접시거미, 알망거미, 깨알거미 등이 있어요.

거미의 독

모든 거미는 독이 있어요. 하지만 무서워할 필요는 없어요. 전 세계 3만 5000여 종의 거미 중 사람에게 위험할 정도의 독을 가진 거미는 30여 종뿐이고, 우리나라에서는 거미에 물려 죽은 사람은 없어요. 거미의 독은 먹이가 되는 곤충이나 작은 동물을 마비시키는 정도예요. 그리고 독거미들도 일부러 사람을 공격하지는 않기 때문에 생각만큼 위험하지 않은 편이에요. 독거미로 유명한 타란툴라도 몇 종을 빼고는 의외로 강한 독이 없다고 해요.

거미그물에 걸린 곤충이 거미줄을 끊고 도망가는 경우도 많아요. 특히 나비와 나방은 몸집이 크기도 하지만 몸에 비늘이 있어 도망가기가 쉬워요. 그래서 거미는 일단 사냥감이 걸려 거미줄이 출렁이면 재빨리 달려가 독으로 먼저 마비시킨 다음 거미줄로 감싸는 거예요.

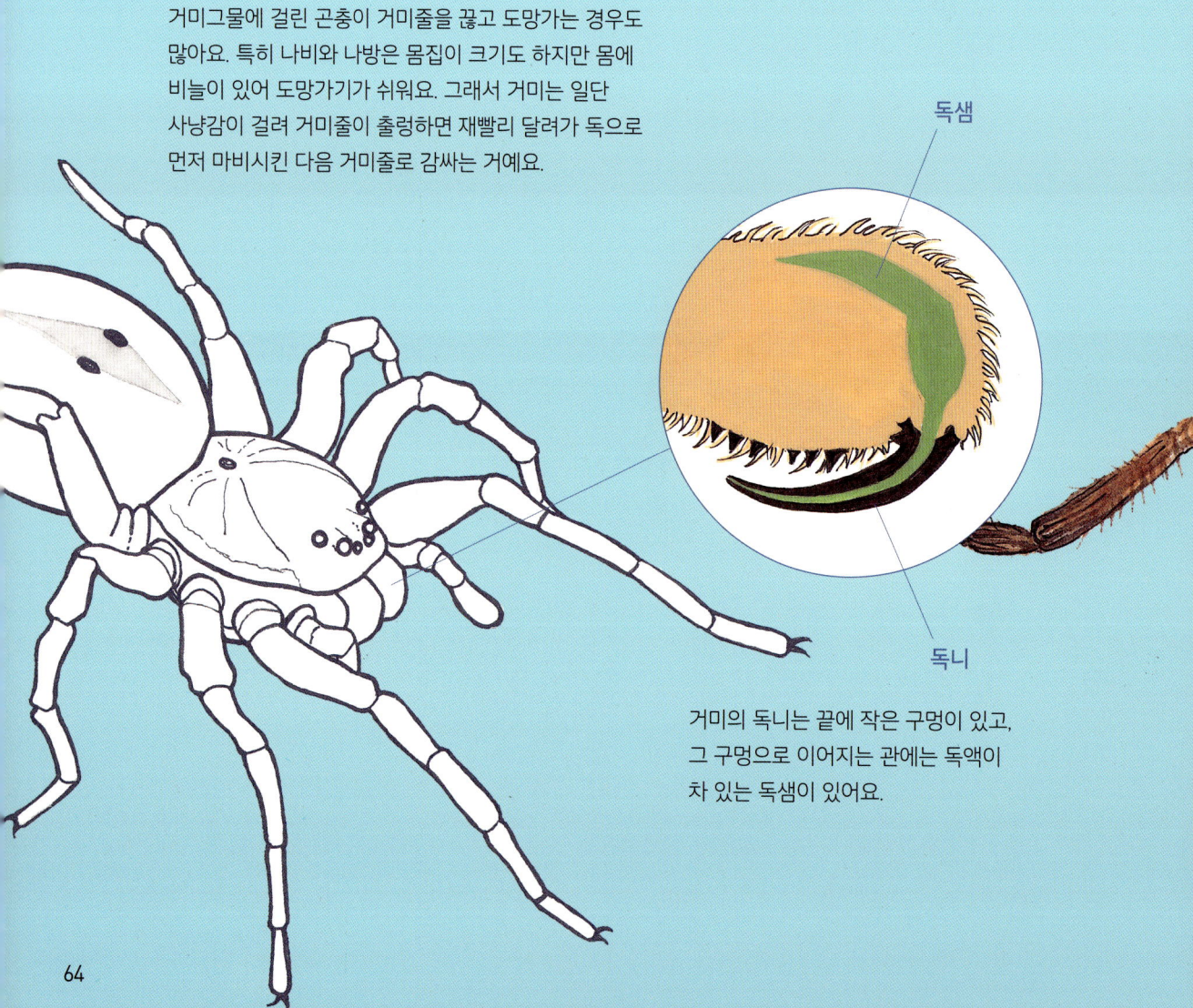

독샘

독니

거미의 독니는 끝에 작은 구멍이 있고, 그 구멍으로 이어지는 관에는 독액이 차 있는 독샘이 있어요.

갈색은둔거미는 독이 강해 사람이 물리면 피부가 괴사하고 심각할 경우에는 물린 부위를 절단해야 할 수도 있어요.

호주깔때기거미
세계에서 가장 위험한 거미로는 호주에 사는 깔때기거미가 있어요. 어린아이가 물리면 몇 분 만에 죽을 수도 있어요.

헌츠맨스파이더는 몸집은 크지만 독이 인간에게 치명적이지 않고 실제로는 겁이 많은 동물이에요.

거미의 천적

개구리

사마귀

거미를 가장 많이 잡아먹는 동물은 새예요. 그리고 개구리나 도마뱀, 뱀, 지네 등도 거미를 잡아먹어요. 또 다른 천적으로는 곤충이 있어요. 거미가 주로 곤충을 잡아먹기는 하지만 거미를 잡아먹는 곤충이 없는 것은 아니에요. 사마귀나 말벌 등이 거미를 잡아먹어요.

곤줄박이
거미를 가장 많이 사냥하는 새는 곤줄박이예요.

새가 거미의 가장 큰 천적인 이유는 거미를 가장 많이 잡아먹을 뿐 아니라 거미줄을 통째로 걷어 가 둥지를 짓기 때문이에요. 동박새, 오목눈이, 쇠개개비 등 여러 새가 둥지를 만들 때 끈적이는 거미줄을 잔가지나 이끼 등의 재료를 엮어 주는 접착제로 써요.

오목눈이

오목눈이 둥지

맵시벌이나 쉬파리, 사마귀붙이 등은 거미의 알집에 알을 낳아 애벌레들이 거미알을 먹고 자라게 해요. 또 대모벌이나 구멍벌 같은 기생벌이나 기생파리 등은 거미를 사냥해 거미의 몸속에 알을 낳는데, 알에서 깨어 난 새끼들은 살아 있는 거미를 먹고 자라게 돼요.

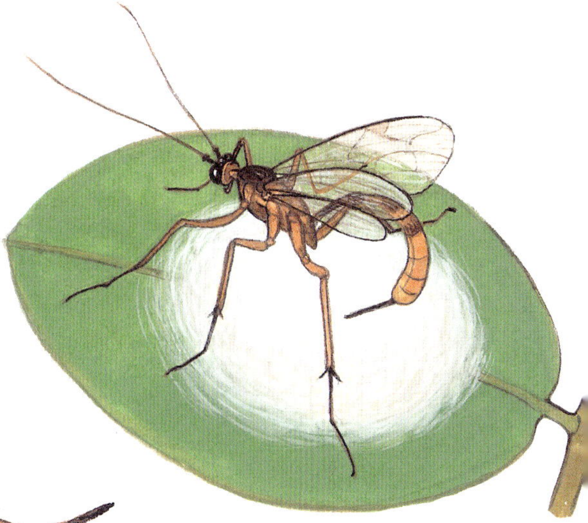

맵시벌은 거미의 알에
자기 알을 낳아요.

대모벌
대모벌은 거미를 잡아 독으로
마취시킨 뒤 거미의 몸속에 알을 낳아요.
마취에서 깬 거미는 계속 살아서 활동해요.
거미 몸속에서 깨어 난 대모벌의 새끼는
살아 있는 신선한 거미를 먹이로
먹게 되는 거예요.

검은날개무늬깡충거미
거미를 잡아먹는 거미도 있어요.
검은날개무늬깡충거미는
게거미류를 잡아먹어요.

세상 특이한 거미들

공작거미
크기가 5밀리미터 정도로
작은 깡충거밋과 거미예요.
암컷을 만나면 배와
세 번째 다리를 들고
춤을 춰요.

민새똥거미
새똥거밋과 거미들은
새똥과 비슷한 모양으로
천적을 속여요.

웃는얼굴거미
하와이에 사는 작은 거미로,
배에 웃는 사람 얼굴 같은
무늬가 있어요.

넓은턱거미
위턱이 매우 커요. 주로
싱가포르와 인도네시아의
밀림에 살아요.

꽃게거미
배의 모양이 외계인
얼굴처럼 보이기도 해요.

무당벌레위장거미
무당벌레 흉내를 내요.

긴뿔무당거미
긴 뿔이 2개 있는 거미로,
싱가포르, 태국, 미얀마 등
아시아 국가에서 주로 살아요.

아파트 화단의 철쭉과 단풍나무 사이에 거미그물이 쳐져 있어요. 삼중으로 된 거미그물에 마른 나뭇잎이나 곤충 찌꺼기가 주렁주렁 매달린 것을 보니 무당거미 거미그물이네요. 가만히 다가가 들여다보니 크고 통통한 암컷 무당거미가 거미그물 한가운데 거꾸로 매달려 먹이가 걸려들기를 기다리고 있어요. 가늘고 긴 다리는 날렵하고 배 무늬는 알록달록 예쁘네요. 거미그물과 나뭇가지를 연결하는 거미줄을 살짝 눌러 봅니다. 아주 탱탱하네요. 끈적이는 거미줄이 손에 달라붙으면 어쩌지 하는 두려움은 없어요. 거미그물의 지지실은 끈적이지 않는다는 것을 이미 알고 있으니까요.

여러분은 거미를 어떻게 생각하나요? 아직도 징그럽고 무서운가요? 《사소한 거미책》을 다 봤다면 분명히 생각이 달라졌을 거예요. 앞으로 거미를 만난다면 두려움 없이 "안녕! 무당거미야. 반가워." 하고 인사 정도는 건네 주세요. 이제 이름이나 사는 곳 정도는 알고 있는, 좀 '아는 친구'가 됐으니까요.

사소한 거미책

초판1쇄 발행 2020년 3월 31일
초판3쇄 발행 2021년 9월 1일

글·그림 김은성 | 펴낸이 김남중
디자인 윤현이 | 교정 교열 한지연 | 스캔 예일정판 | 인쇄·제본 현문인쇄

펴낸곳 한권의책 | 출판등록 2011년 11월 2일 제406-251002011000317호
주소 경기도 파주시 노을빛로 109-26 | 전자우편 knamjung@hanmail.net
전화 031) 945-0762 | 팩스 031) 946-0762

김은징 ⓒ 2020
ISBN 979-11-85237-42-8 73400
값 14,000원

잘못된 책은 바꿔 드립니다.
이 책 내용의 전부 또는 일부를 재사용하려면 반드시 저작권자와 한권의책 양측의 동의를 받아야 합니다.
이 도서의 국립중앙도서관 출판예정도서목록(CIP)은 서지정보유통지원시스템 홈페이지(http://www.seoji.nl.go.kr)와
국가자료공동목록시스템(http://www.nl.go.kr/kolisnet)에서 이용하실 수 있습니다. (CIP제어번호: CIP2020013043)